> 不拒绝，你就等着看自己受伤！

就算被讨厌，也要勇敢说 NO!

风动工作室 编著

长江出版传媒　长江文艺出版社

北京长江新世纪文化传媒有限公司
www.cjxinshiji.com
出品

目录 | CONTENTS

前言　别当"有求必应"的滥好人

第一部　这样拒绝，不得罪人

第1章　"第三者"拒绝法，借力使力说"不"

01 拒绝爱面子的人，要满足他的自尊心　　/007
02 利用"有力第三者"，削弱对方的进攻力道　/010
03 引用地位崇高者的话，让对方主动放弃　/013
04 成为"幕后领袖"，给对方施加心理压力　/016
05 拿妻子当挡箭牌，让对方知难而退　　/019
06 找出与对方的共同敌人做"代罪羔羊"　/022
07 把责任转嫁给多数人，以扩散对方攻击目标　/025
08 利用多人战术，替你开口说"不"　　/029
09 你很好，但你们公司很不好　　　　　/032

第2章　"冰冷心理距离"拒绝法，让对方默默退缩

10 态度客套，让对方觉得你是"局外人"　/039
11 利用"祸福吉凶"，让说"不"合理化　/042
12 不称呼对方名字，以维持冰冷距离　　/045
13 讲出毫无逻辑的话，让对方不知如何说服你　/048
14 抢先说"不"，封杀对方进攻的机会　/051

目录 | CONTENTS

15 反复暗示对方某些弱点,让他丧失立论根据 /054
16 故意挑剔细节,以切断双方心理联结 /057
17 提出安慰性的补偿,婉转传达"不" /060
18 说"不"后的安抚话语,可避免对方反扑 /063
19 贬低自我形象,暗示对方你力不从心 /066
20 避免使用推托辞,以防对方有机可乘 /069
21 利用制式化回答,封闭对方的期待 /072
22 制造亲密假象,让对方不得不说"好" /075
23 透过"苏式问答法",诱导对方说"不" /078

第3章 "奉承式"拒绝法,取得对方认同

24 保持自谦,以防对方心生不悦 /084
25 让对方觉得被拒绝反而是件好事 /087
26 不停赞美对方,直到最后才说"不" /090
27 说对方喜欢听的话,诱使他自己说"不" /093
28 以诉苦回应抱怨,引发对方的同理心 /096
29 请对方自行提出解决方法,驱使他自动放弃 /099
30 别在一开始就拒绝,要在过程中说"不" /102
31 以无关主题的话题,打断对方的判断逻辑 /105
32 以"模糊的要求"取代说"不" /108
33 先说"好"再说"可是",让对方碰壁 /111

34 不断地说"怎么办",为自己设下防护罩　　　/114
35 闪烁其辞,将结论带往反方向　　　/117
36 不知如何拒绝时,就偶尔喃喃自语　　　/120
37 渐次转移主题焦点,让对方摸不着头绪　　　/123
38 用夸张语气说"是",传达拒绝之意　　　/126

第二部　不用开口说"不",也能保护自己

第4章　"肢体语言"拒绝法,零压力说"不"

39 假装身体不适,阻断对方说服　　　/133
40 故作沉默思考的举动,传达无言的"不"　　　/136
41 维持面无表情,以切断感情联结　　　/139
42 不能让步时,倾斜身体注视对方　　　/142
43 不停地变换姿势,扰乱对方的判断　　　/145
44 利用不经意的举动,表示你根本不在乎　　　/148
45 站在对方视线外说"不",可减轻压力　　　/151
46 避开对方的积极眼神,就可断开其要求　　　/154
47 交谈时,避免露出迟疑不决的举动　　　/157
48 保持距离,避免因身体接触而被说服　　　/160
49 忽视对方递来的东西,冷化彼此关系　　　/163
50 壮大自己的气势,让对方自觉处于劣势　　　/166

目录 | CONTENTS

第 5 章 "小道具"拒绝法,迂回说"不"

51 利用小道具扩大地盘,打断对方谈话　　　　/172
52 利用口袋里的小东西,占领对方的地盘　　　/175
53 一边逗弄宠物,一边听对方说话　　　　　　/178
54 别让妻小在场,以免成为对方的道具　　　　/181
55 让对方坐硬椅子,传达无言的拒绝　　　　　/185
56 空间正中央的座位,能带给对方压迫感　　　/188
57 利用"背光效果",让自己更壮大　　　　　/192
58 利用桌子突显地位差异,无声说"不"　　　/195
59 选在傍晚时说"不",比较容易成功　　　　/198
60 利用穿着打扮,传达"不"的讯息　　　　　/202
61 拒绝一起用餐,以防形成紧密关系　　　　　/206
62 利用别处传来的声音,令对方陷入不安　　　/209

前言 别当"有求必应"的滥好人

没有人会喜欢被拒绝的感觉,但是我们大多数人也往往碍于人情,而不愿意或不好意思拒绝别人。由于不想因拒绝而心生内疚,更为了要避免引起冲突、对立,以致破坏了原本良好的关系,我们总是会勉强堆起笑容,有求必应地向请托者说"没问题",但内心却是大声吼着"不"!

然而,勉强说了"是"之后,就真的解决问题了吗?当然没有。你也许解决了对方的麻烦,但你的情绪却无法避免地产生剧烈纠结。如果你对于别人的请托,一直抱持着来者不拒、有求必应、照单全收的态度,其衍生出来的问题,可能远远超出当初你鼓起勇气说"不"所带来的。

举例而言,你的好友要求你下个周末帮他搬家。如果下周末你正好有空,当然会非常乐意帮好朋友的忙，但若是你早已有计划或约会，却仍勉强答应帮忙，那么届时你势必会做得心浮气躁、厌烦不堪。因为不好意思拒绝，你选择隐藏不悦的情绪，并任由情绪在心底发酵，然后开始出现异常的言行举止，最后因忍受不了而爆发，致使你在好友心中的良好形象，也在情绪爆发的瞬间毁灭了。

不论你是为了面子或碍于人情，当你对于他人的请托照单全收，勉强自己成为一个有求必应的滥好人，可是内心却非常不愿意时，最后只会使情况变得更糟。因为你这种来者不拒的态度，除了可能会破坏你的人际关系之外，你日常生活的每一个层面也都会受影响，包括和家人的相处、发展个人的兴趣与嗜好的时间、你的身心健康。

"有求必应"才是人际关系的真正杀手。说"不"，也许会令你感到一时的内疚，但唯有善用和气的拒绝技巧，才能维持自己的生活质量，也最终能保有亲人、朋友与同事的好感情。

第一部

这样拒绝，不得罪人

第1章

"第三者"拒绝法，借力使力说"不"

第1章 "第三者"拒绝法，借力使力说"不"

对某些人而言，当想要拒绝他人的请托或要求时，通常不会当着对方的面说"我不会帮你"，他们会采用比较婉转、迂回的方法，也就是以第三者的立场来婉拒对方的请求。使用这种方法的最主要目的，是为了维护双方情感，避免与对方形成对立的局面。

该如何达到这个目的，以及要利用哪些第三者呢？这就必须要先了解我们的社会特性。我们的社会是一个存在着各种上下关系运作的"纵型"社会，而这种"纵型"形态，决定了我们对人际关系的想法和原则。

同时，我们的人际关系不只限于"纵型"形态而已，因为我们也经常受到对手、同事等"横型关系"支配，"纵型关系"对我们影响至深，而"横型关系"的影响力也不容小觑，因为它渗透于我们的生活，在我们身边随处可见。

在工作场合里,一起共事的同事会有下班后一起喝两杯的情形,而这些和你较投缘的同事,都是属于"横型小集团"性质,而各个部门里都存在着这种"横型小集团"。在这些集团中必然会有某位具有影响力、能凝聚小集团力量的领导者。当你想要利用第三者去说"不"时,就要多利用这种具影响力的人。

01 拒绝爱面子的人，要满足他的自尊心

在重视伦理与等级的东方社会里，等级意识在职场上随处可见。和客户洽谈商务时，公司派出负责交涉的代表的性别与层级，有时候会比商谈的内容更为重要。

在这样的社会氛围里，若想拒绝那种爱面子人，你只需派出一个等级比较低的员工去应付，让对方觉得被羞辱、面子挂不住，结果必能如你所愿。相对的，如果你想和对方保持紧密的合作关系，就请一个地位高、够分量的人来洽谈，通常都能够得到很好的效果。

但是，如果你想拒绝这种好面子的人，但又不希望伤了彼此的和气，也不想激怒、得罪他的话，就要好好利用等级意识来满足对方的自尊心，让他被拒绝得心甘情愿。因为当他看到来与自己交涉的是位高权重的人时，他会想："你们真的太看得起我了！你们

把我看得这么重要，实在太有诚意了……"

虽然被拒绝了，也会感到心甘情愿。

👍 不伤感情的说"不"法

在日本，有位在某大型科技公司任职的部长，长期被派到欧美各国工作。他惊讶地发现，欧美国家的女性职员所受到的待遇与日本女性完全不同。在欧美国家，女性职员不会被上司叫去做倒茶、打杂等工作，她们和男性一样，必须去外面洽谈业务、谈判、签订合约等，完全不会因为是女性的身份而妨碍生意或业务的进行。正因如此，欧美女性会更积极地投入工作。

这位部长回到日本后，将他在国外看到的这套工作模式套用在自己的部门里。当然，他如此大刀阔斧的改革引起底下多数主管的激烈反对。他们坚决地认为："让女性职员出去洽谈商务，只会令公司丧失重要客户！"但部长完全不听主管们的忠告，执意要实行他的改革。最后，他派出去商谈的女性职员全都没有把生意谈成。因为他们的客户认为，这家公司竟然

第1章 "第三者"拒绝法，借力使力说"不"

派女性员工来交涉，太不诚恳也太瞧不起人了，根本就不愿与她们谈生意。这位部长没有想到，由于当时日本的女性地位和欧美的女性地位差距很大，他的愿景虽好，却没有成功的客观条件。

♡ 这样做，对方会知难而退

在伦理观念与等级意识强烈的社会里，性别、工作能力都不是决定成功与否的关键。尤其当面对的是生性爱面子的人，不论是要与他做成生意，或让他心甘情愿地接受你的拒绝，你都要懂得巧妙地运用这种等级观念的力量，请权位、职位或辈分高的人来应付，这样，你的目的就会很容易达成。

02 利用"有力第三者"，削弱对方的进攻力道

当人们只能从两种喜欢的东西中选择一种时，他们的心就会摇摆、纠结在两者之间，不知该如何选择比较好。这种好像钟摆来回摇摆的现象，在心理学上称为"钟摆效应"。一旦产生了这种心理效应后，无法解决的事情便会一直摇摆不定下去，导致"同时追两只兔子，最后毫无所获"的结果。

一位经验非常老到的女装销售员，在训练菜鸟销售员时，分享了她的成功秘诀。她指出，当客户被某件展示在橱窗前的衣服吸引而走进门时，就只为客户介绍那件衣服的特色，绝不提供其他款式的衣服，这才是销售成功的最大要诀。她从长期累积的经验中体认到一个现象，即当你给顾客看太多东西时，顾客往往会因为不知道该如何选择而变得犹豫，甚至最后什么都没买就离开了。

第 1 章 "第三者"拒绝法,借力使力说"不"

同样的方法反其道而行之,就成了最婉转的拒绝法。当你要拒绝别人的要求,又担心得罪对方、伤了和气时,就可以利用这种方法,让对方的心理陷入摇摆的状态。

👍 不伤感情的说"不"法

某位钻石直销员向其好友美莉推销钻石,希望美莉可以帮他创造一些业绩。美莉向来对珠宝就不感兴趣,但又不好意思拒绝好友。于是,她问好友是否愿意陪她一起去参加商会或打高尔夫球。好友一听,喜出望外地答应,因为他知道参加这些活动或聚会的人,经济条件应该都不差。

在球场上和商会中,美莉都不吝啬地介绍朋友给好友认识,还会悄悄地对好友说:

"我这位朋友的人脉非常广。"

"那位朋友经营一家大企业,财力非常雄厚。"

"那位银行业高级主管的老婆非常喜欢珠宝……"

她没有对好友说一个"不"字,便轻易地拒绝了他,而且好友也没有因为她没有买钻石而心生怨恨，甚至还感谢她。

♡ 这样做，对方会知难而退

"有力第三者"的操作秘诀就是：当你要拒绝人们的请求时，除了你自己之外，再提供给对方第二个社会地位或能力比你更好的人选，甚至第三个。如此一来，请托者就不再把所有的焦点与希望放在你的身上，而你便可以趁着他来回摇摆，顺势对他说："我觉得你还是去拜托他比较好，他比我更有能力，相信一定能够帮你解决问题！"

03 引用地位崇高者的话，让对方主动放弃

通常，人们对人、事、物的价值判断标准，很容易根据潮流、权力、名气或美貌来定位，这就是所谓的"光晕效应"，又可称为"美化效应"。这种情形就像人们一看到价格昂贵的物品时，会产生"情人眼里出西施"的心态，很自然地就会觉得那些价高的东西比较好。所以，想对人说"不"时，就引用这种具备"光晕"效果的人所说的话，让对方不得不接受。这种方法是商业或政治人物很喜欢使用的宣传策略之一。

例如，当业务人员要推销房子时，经常会把房子与某某艺人、政要、企业家加以联结，让购屋者认为跟着知名人士的脚步准没错。又如，在购买高级精美的物品，或价格较为昂贵的化妆品时，购买者往往会有种"一分钱一分货"的心态，认为高价的东西质量一定比较好。

因此，当你想要拒绝别人时，不妨搬出一个对方所尊敬或信服的人所说的话来为自己解套，让对方不得不接受你的拒绝。这种完美拒绝他人的方法，在我们的生活中经常看得到。

👍 不伤感情的说"不"法

宋神宗熙宁年间，宰相王安石发动变法，就是著名的"熙宁变法"，亦称"王安石变法"。当王安石断然决定变法时，他询问家臣意见。家臣对此感到十分为难：因为这个时候，如果家臣直谏，要宰相打消变法的念头，说不定会惨遭杀头之祸；但若是赞成变法，则国家势必要面临巨大的动荡甚至是危机。不知如何是好的家臣，最后终于开口说："我怎么会有意见呢？不过，我们的开国皇帝曾经说过……"引用先贤所说过的话，让宰相不再继续追问，同时也保住了性命。

又如，我的一位朋友计划要换一间大一点的房子。在一年中，他看过的房子不下几十间，每当遇到穷追不舍的中介人员时，他便会对对方说："我知道这间房子的格局很不错，面积也符合我的需求，不过，我记得鼎鼎大名的建筑大师×××曾经说过：'好房子的两大要素是光线佳与通风好'，所以……"

♡ 这样做，对方会知难而退

无论是在工作上洽谈合作或私底下的人情请托，当你想要拒绝对方，同时又希望对方可以毫无异议接受被拒绝时，不妨利用权威人士、社会贤能或对方所尊敬的人所说的话，制造"人物的光晕效应"，让对方自动放弃，而你自然就能够毫发无伤地退场。

04 成为"幕后领袖",给对方施加心理压力

在你的办公室里,有没有这样一种人:当所有人在会议中热切地提出自己意见后,他却总能让大家在最后自然而然地顺从他个人的意见?

譬如,要到哪家餐厅吃午餐?要到哪里开庆功派对?什么形式的庆功派对?员工旅游要去哪里玩?好像到最后都会以他的意见为准。他的职位没有比其他人高,他也不是出身于有权有势的富裕家庭,但他就是有一股令人服气的领导力,让大家愿意听他的指挥。

像这种不会特别突出自我,不会成为人们注目或攻击的焦点的人,更可能是经常被大家所忽略的领导者,在心理学上被称为"非正式领导者",也就是所谓的"幕后领袖"。他们最厉害的地方,就是以"口传作战"的方式来达到目的。他们除了具有安静、沉默的领导力量外,也能以同样的方式拒绝自己所不喜

欢的人、事、物,而且不会惹恼被拒绝者。

为什么这种既无地位又无权力的"幕后领袖",可以发挥这么大的作用呢?关键就在于他的"没有地位和权势"。由于他并不是靠着地位和权势才当上领导者的,因此周围的人并不会意识到他就是领袖;至于那些喜欢依靠地位和权势强制他人服从的人,反而不会意识到"幕后领袖"的影响力,甚至不会把他们放在眼里。

👍 不伤感情的说"不"法

小林就是一个"幕后领袖"型的人物,不论在工作上或朋友之间,大家好像最后都会自然而然地接受他的建议,甚至会向他询问意见。

最近一个月,他经常接到某位死缠烂打的汽车业务员的电话,甚至还三天两头地收到对方寄来的汽车信息,搞得他不胜其烦。最后,他对那位业务员说:"我对车子要求一向很严格,有关车子的许多非常专业的问题,我的朋友与同事都会来问我的意见,到目前为止,我觉得我还没有看到一部令我觉得满意的……"

♡ 这样做,对方会知难而退

通过层层幕后的人际关系,给对方施加心理压力,好让自己最后可以轻易地说"不",这就是"幕后领袖"的惊人力量。

当你想要让人们顺从地接受你的拒绝时,可以利用这股隐藏在众人背后的力量来说"不"。但这并不表示你躲在幕后,然后推某个人出去帮你说"不";而是身边的人感受到你无权无势,讲话却掷地有声,散发出一股慑人的领导能量。

05 拿妻子当挡箭牌，让对方知难而退

就心理学分析的结果，每个人在心底的最深处，都存在着超自我的机能，这种道德性机能驱使人们产生自我禁令或崇高理想。这个超自我道德机能时时监视着每一个人，使我们无法忽视或忘记它的存在。一般而言，存在我们心中的超自我道德机能，主要成因是父母、配偶或祖父、祖母。当然，除了这几个人之外，还有我们的良心，它也随时规范着我们的行为。

例如，对年幼的孩子来说，父母就是存在于他们内心的一种超自我道德机能。父母会在孩子犯错时，责备、纠正他们，禁止他们再犯同样的错误。成年后，这种超自我道德机能会被他们内化，形成他们为人处事时的一种自我管理能力，不论面对任何人、事、物，只要可能超越这个能力机制，他们便会无法抗拒地启动"自我禁令"的机制。

当你必须拒绝别人,却又找不到借口时,这个第三者正好可以适时地帮上忙,而且会令对方无法反驳或抗拒。甚至当你要拒绝配偶又不知如何开口时,搬出这个超自我道德机能的第三者,一样可以轻松奏效而且不会破坏夫妻的感情。

👍 不伤感情的说"不"法

当朋友向你借贷,或要求你帮忙某件你不想做的事情时,你可以这样应对:

"我家的经济大权都是我老婆在管,我必须先问过她的意思才行。"

"我母亲曾经严格告诫我,不可以插手协调别人的感情问题。"

"我老婆要求我下班后早点回家陪孩子,不要参加没有必要的应酬。"

有时候,当太太吵着说"我们一家四口人就靠你一份薪水,这样的生活实在太辛苦了,我觉得我也应该去找一份工作"时,身为丈夫的你,会因为赚钱少、无法让家人过好日子而感到内疚，不好意思开口说"不"，但两个孩子都还小，需要母亲照顾。这时候，你便可以把你的岳母搬出来作挡箭牌，把自己和太太的关系转变成太太和岳母的关系，如此便能够成功拒绝太太所提出的要求。

你可以对妻子说："你妈妈说过，你最重要的工作就是把孩子照顾好，等他们上了高中以后再去工作比较好！"

♡ 这样做，对方会知难而退

搬出让对方不敢反抗的第三者来说"不"。让他知道你其实有不得已的苦衷，所以不得不拒绝他。对一个丈夫而言，搬出岳母，就可以避免每天回到家后面对一张臭脸，或者活在恐怖的冷战气氛中。

06 找出与对方的共同敌人做"代罪羔羊"

在说"不"之前,先找出自己和对方的共同敌人,并利用这个人来当"代罪羔羊",让对方认为你之所以无法伸出援手,都是那个共同敌人害的。

这种令对方跳过你转而怪罪第三人的做法就是,除了把拒绝请托的责任转给共同敌人之外,还要尽可能地丑化那个敌人,借此建立起双方之间稳固的心理共识。然后,再将两人对共同敌人的恶劣共识,延伸到说"不"的意识即可。

设定双方共同的"代罪羔羊",是强化两人关系的极有效方法。最有名的例子就是"二战"时期,希特勒为了取得国内中产阶级的支持,便拿犹太人当"代罪羔羊",将国家一切的问题都归罪到犹太人身上,极尽可能地丑化犹太人,借此以获得中产阶级的肯定。

同样的,当你要拒绝人们的请托时,就搬出你们的共同敌人,让对方知道你其实也是受害者,都是因为这个"第三者",害你也遇上了棘手的难题,所以无力帮助对方。

👍 不伤感情的说"不"法

某个中型企业的总经理,到一长期合作的厂商那里收取货款。没想到,负责人因为资金出现缺口,一时之间周转不过来,向他要求延期付款。

总经理与这家厂商往来十几年了,一直合作得很愉快,也和对方负责人建立了深厚的感情,他当然愿意帮老友度过难关。但是,一旦他答应对方延期付款的话,紧接着他自己的公司就会出现财务危机,他将无法按时支付员工的薪水。这使得他不得不断然拒绝对方的要求。

他假装气愤地告诉那位负责人:"如果像贵公司这么杰出的企业,都会出现财务困难的话,那么银行就真的太不顾情义、太不应该了。我真不知道最近这几年来,那些银行业者都在想些什么,他们完全不想培育有潜力的企业……"

他的这番话正好撩起了那位负责人对银行的新仇旧恨，并开始严厉地批评起银行业者。他们两人就这样，你一言我一语地把对银行的积恨全都发泄了出来。最后总经理拍了拍负责人的肩膀，并说："你说的一点都没错，银行真的太过分了，不只你很难借到钱，我也一样借不到钱。所以为了不让我的公司陷入财务困难，我只能麻烦你按期付款了！"

♡ 这样做，对方会知难而退

找出你们的共同敌人，把对方的困难导向是共同敌人所导致的。这个"代罪羔羊"必须具备两项条件，才能帮你说"不"。第一，他必须与你们双方的关系都很遥远；第二，你们都清楚这个敌人与你们的困难有关。

07 把责任转嫁给多数人，以扩散对方攻击目标

比起同时要说服好几个人，一次说服一个人当然简单多了。当你要说服的对象只有一个人时，你就可以集中目标展开攻击；但是当对象同时有好几个人时，你要攻击的目标就会分散成许多个，这个时候，你只需要调整一下自己的位置，把方法反过来用，刻意制造多个攻击目标，让对方因为目标分散，而不知该从哪一个目标下手，这时你便可以轻松地拒绝对方。

此外，在制造了多个攻击目标后，不论对方提出任何问题或请求，你在回应时，要懂得善用"集体责任"的力量。也就是说，遇到问题时，不要习惯地说"我"，而要说"我们"，把责任由你身上分散到每一个人身上。这一招可以更强化你的"扩散攻击目标"的效果。

👍 不伤感情的说"不"法

几乎每个成年人都避免不了会遇到保险销售人员。通常,我们可以轻易地拒绝他们,例如我们可以找借口说:

"我参加了为期一年的学习课程,目前没有多余的钱可以买保险。"

"我的薪水太少,目前还没有能力买保险。"

"你推荐的这种保险,我已经买了。"

如果对方还是不放弃,纠缠说:

"也许现在财务上会比较困难一点,但你的薪水会越来越高,一年后你就不会觉得这是沉重的负担。就我所知,这个保险明年就会调高保费,这是很棒的保险,现在不买,真的很可惜。"

"你先前买的那份保险一定不像这份这么好。你可以考虑再买我这一份。"

这时候,你就要采用分散攻击目标的拒绝方法,并把"我"变成"我们",让对方失去主要攻击目标,而无法继续逼近。你可以这样回答:

第1章 "第三者"拒绝法,借力使力说"不"

"我们上班族不像你有丰富的佣金可拿,我们就是每个月领死薪水,没人知道要多少年才能调一次薪,我们这样的薪水根本买不起……"

"我们一家老小都靠我一个人的薪水过日子,让他们吃饱穿暖才是我目前最重要的责任……"

有一家企业的老板,因多次成功地与公司的工会交涉而闻名。但他从不认为自己是个谈判高手。他透露,其实他谈判的秘诀很简单,就是每次面对几位工会代表时,他绝对不会说"我"这类词汇。

当他和公司的工会代表们谈判薪资问题时,他会这样告诉对方:"各位都是公司的资深且有能力的员工,相信大家都清楚,虽然我们这么努力,但公司去年的净利只有百分之二,真的很微薄,只能说光景真的太差了,对不对?关于你们提出的调薪要求,管理阶层当然很愿意满足员工们的期待,但是如果真的这样做的话,各位知道我们公司将会面临什么样的未来吗?我们务实地来看看……依照目前的境况,我们很快就会周转困难……"

老板把议题从调薪问题扩散到公司与所有员工未

来的命运上，使得工会代表们在考虑调薪问题的同时，也必须站在公司的立场思考"我们公司"的生存问题。老板的谈判技巧钝化了工会代表们的攻击矛头。

♡ 这样做，对方会知难而退

不论是要对一个人或多人说"不"，都谨记把"我"变成"我们"的技巧。它除了可以降低对方的敌对立场，还能把对方的攻击目标由一个扩散成多个，一来分散他们的攻击力道，二来你也可以趁机逃避请托。

08 利用多人战术，替你开口说"不"

心理学上有所谓的"二人团体"与"三人团体"。就二人团体而言，由于两人很少会出现意见一致的情形，以致两人的关系容易陷入紧张、对立且脆弱的状态，随时都可能破裂；至于三人团体，则很容易形成意见"二对一"的情况，最后大都会在多数人意见的掩饰下，或者少数服从多数的观念下，使得赞成与反对双方的对立情形比较不激烈，关系较容易维持，不至于走上决裂一途。这就是"多人战术"的妙处，其力量可见一斑。

"多人战术"尤其适用于职场上。当你不好意思或不知道应该如何拒绝上司的要求时，你需要的"多人战术"是二人还是二人以上呢？答案是：关系濒临决裂的二人团体。

这个时候你可以找两个同事来帮你打一场团体

战。请两位同事在上司面前表达不同的立场，最后你才表现出恍然明白的模样，做出你可能不是适当的人选或无力完成任务的结论，而不必直接向上司说"不"。

👍 不伤感情的说"不"法

举例而言，你的部门经理要求你做一件你很不想做的事，你很想对他说"不"，可是又说不出口。这时候，你可以拜托两位交情好的同事，陪你一起到经理办公室，借由两位同事的团体力量的掩护，强化你说"不"的意志。

不过，在进入经理的办公室之前，你们三人必须先设计好一套戏码，由其中一位同事表达"赞成"的立场，另一位同事则必须表达"反对"意见，然后在经理面前演出一场各自坚持立场且互不退让的戏码。最后，你再轻声地插嘴说道："是啊，我怎么都没有想到这中间的利害关系呢。说实在的，我真的找不到充足的理由去做这件事。"

当你把结论靠向反对的一方时，就可以逃过直接

第 1 章 "第三者"拒绝法，借力使力说"不"

向经理说"不"的尴尬场面，也能表明自己的态度。而且，由于你们是经过激烈的讨论后所得的结论，也就表示那是多数人的意见，任何一方都不会受到伤害，既不会得罪经理，又可以让他觉得你考虑周到。

♡ 这样做，对方会知难而退

　　说穿了，陪你一起上战场的同事只是你的烟幕弹，掩护你最后可以顺利地拒绝上司的要求。当然，你也可以拜托三位、四位、五位或更多同事，请他们在开会时帮忙演出。不过要先分配好,让多数人站在"反对"立场，少数人"赞成"，如此才能凝聚"不"的力量。

09 你很好，但你们公司很不好

多年前曾经发生过面粉严重缺货的事件。黑心商人大量囤积面粉以炒作价格，等到市场严重缺货时，他们便坐地起价，导致面粉价格居高不下。在媒体的大幅报道与引导下，民众纷纷将矛头指向杂粮进口商与下游的经销商。

在某商行工作的 A 先生便是媒体误导下的受害者。他指出，在那次面粉大缺货的事件中，许多小区的住户看到他时，经常语带指责地表示："你的公司的主要业务就是进口杂粮面粉，所以你们公司的员工应该都可以用很便宜的价钱买到面粉，我猜你家里一定不会缺面粉吧！"不论他如何费尽唇舌地解释公司和自己家里都没有囤积这些东西，小区住户们依然无法相信与谅解。

至于那些原本就不喜欢 A 先生的小区住户们，面

第1章 "第三者"拒绝法，借力使力说"不"

粉缺货这件事正好给了他们正当的理由可以对 A 先生展开攻击，但是他们并没有直接批评 A 先生，而是假借控诉 A 先生的公司囤货的黑心行为，拐弯抹角地批评、攻击 A 先生。

👍 不伤感情的说"不"法

这种"不直接拒绝对方，而是拒绝对方的公司"的技巧，就是所谓的"无痕式拒绝"，也是我们在日常生活中经常能看到的说"不"的方法。"无痕式拒绝"是一种让请托者主动放弃说服的绝佳武器。若懂得正确运用这个技巧，你便能做到毫无痕迹地转移攻击目标，并且在不伤感情的状态下让对方知难而退。这个方法尤其适合用来拒绝疯狂的销售员。

例如，当碰到一个对你纠缠不休的销售人员时，你就可以运用"无痕式拒绝"的技巧，对他说："你对产品的解说非常清楚，让我觉得这是一个很值得拥有的产品。我很欣赏你的专业与诚恳态度，你真的很棒。但是我不喜欢你们公司，因为你们公司过去所发生的负面事件不止一件,甚至卷入黑心商品的丑闻,让我无法信任你们公司的产品。"

♡ 这样做,对方会知难而退

"你很好,但你们公司很不好",这种不直接拒绝对方但拒绝对方公司的技巧,不但可以降低对方的抗拒感与自我防卫,更可以让对方觉得"是公司的问题,并不是我表现不好",所以不会因为被拒绝而感到不高兴,自然就会心甘情愿地放弃继续对你纠缠。

第 2 章

"冰冷心理距离"拒绝法，
让对方默默退缩

要怎么做才能让对方被说"不"的时候，心中不会产生排斥感？

每个人都会遇到必须说"不"或被说"不"的时候，但是却常常因为话术的不同，而使得结果出现极大差异。有时说"不"的时机不恰当，会让对方感到不悦，还可能导致一些出乎意料且难以收拾的后果，甚至相识多年且交情深厚的至交好友或亲人，也会因此而断绝往来，形同陌生人。相对的，有些人在被说"不"时，因为理解并且欣然接受，使得他与被请托者的关系并不会受到影响。

同样都是说"不"，为什么结果却会出现如此不同的差异呢？原因就在于，当请托者被拒绝时，他们心中所产生的排斥感程度各有不同。因此，若想要让对方坦诚地接受你说"不"而不会感到不悦，最有效

第 2 章 "冰冷心理距离"拒绝法,让对方默默退缩

的方法,就是在一开始便要消除这种排斥感。

消除对方排斥感的首要原则是,制造两人之间的"心理距离"。"心理距离"与所谓的"物理距离"(也就是"实际空间距离")不同。"心理距离"意指,即使两个人的身体很靠近,但在心理上,仍可以感觉到两人之间的距离非常遥远,有如陌生人一般。

因此,当请托者不愿意或无力达成对方的请托,又想要避免引起对方任何不悦的感觉时,适时制造两人之间的心理距离,就可以很巧妙地说"不"了。而制造心理距离的最重要元素便是语言技巧,其中尤以敬语、客套话,以及那些能形成让对方看不见的屏障的话语,最能将双方的心理距离拉远。

消除对方排斥感的第二原则是,提前营造开口说"不"的态势,给对方一定时间做好被拒绝的心理准备。在心理学上,这种心理准备就称为"心向"。透过"心向"原理,你便可以使双方都感受到同样明确的心理意向,同时让对方体认到"既然你都这么说了,我也没有办法了"的认知,只好没有异议地接受你所说的"不"。

消除对方排斥感的第三原则是,在说了"不"之

后，如何照顾与补偿对方。这就像是我们花钱消费时，若对方的售后服务不佳，就会损害到该公司的形象与信任度；同理而论，在你开口说了"不"之后，若是没有做好事后的照顾与补偿，便极可能会伤害到对方的感情，甚至引起对方的不悦或怨怼。因此，千万不要等到非说"不"不可的时候，才开始考虑事后的照顾与补偿措施，而应该在你开口说"不"之前，就预先想好事后的照顾与补偿方法，如此才能展现出你在与人交往时，真诚付出与互相关怀的态度。

如何让对方被说"不"时不会产生排斥感？除了语言技巧这个重要元素之外，还有一个具有决定性的关键因素，那就是你诚心诚意的态度。

一般而言，请托者在被你说"不"后大都会感到不愉快，那是因为他与你之间没有形成"共识"所致。共识，被认为是成功说服或成功沟通的最大原则，若是双方都没有站在对方的立场去理解对方的处境，最后便很容易导致对方甚至是双方的不满情绪。

10 态度客套,让对方觉得你是"局外人"

"客套话"是人与人相处时一种谦虚、礼貌的表现,它传递出两人之间某种程度的稳定关系,但同时也显露出存在于两人之间的某种程度的心理距离。在人际关系上,它是一种无形距离的制造机,能够造成一种物理与心理的距离差异。它能令人感觉到,即使两个人的躯体非常贴近,但心理上却隔着遥远的距离。

有时候,当你想要对别人的要求或请托说"不",但又不想惹得对方不高兴或伤害两人的良好关系时,你就可以利用"客套"与"礼貌"的技巧,把双方的心理距离稍微拉开,然后利用这个"关系冷化"的时机,心照不宣地,默默将你的拒绝之意传达给对方。当对方意识到"被拒绝"时,也许会因为你没有当面拒绝令他难堪,而不会对你心生不悦或怀恨在心。他甚至会觉得你是为了顾全他的面子,才用这种方法拒绝他。

👍 制造心理距离的说"不"法

经验老到的销售人员,在一听到你作出以下的客套且礼貌的回应时,便立刻知道你正在婉转地对他说"不"。这时,他通常也会礼貌地对你说:"希望有机会再为你服务。"然后放弃继续游说你。这些对付销售人员的客套且礼貌的回应包括:

"谢谢你这么详细地介绍这间房子,我回去后会认真地考虑考虑。"

"你们健身房的入会方案听起来好像很不错,我如果决定要加入的话,一定会回来找你。"

"真不好意思,我得回去问问家人的意思才能回复你。"

"我再考虑考虑,然后打电话回复你!"

"对不起,我没有听懂你的意思,你刚才所说的问题是……"

如果面对的是亲友的请托或要求,你可以这样回答:

第 2 章 "冰冷心理距离"拒绝法,让对方默默退缩

"我会帮忙想想办法,如果想到了,一定会打电话给你。"

"我会帮忙问问看有没有认识的人能够……"

"如果可以的话,我当然很乐意帮你,不过你也知道我……"

"我真的很想去参加你的派对,如果我的时间允许的话……"

♡ 这样做,不会惹火对方

客套又礼貌的态度能够轻易制造疏离感,因此在面对他人的请托或要求时,若以此方式回应,自然可以让对方意识到,你正在告诉他"我是个局外人""我不愿意""别来找我"。

换句话说,就是利用客套所制造出来的疏离、冷漠的感觉,成功地在对方心中建立起一道屏障,让你不必开口说"不",也能顺利拒绝对方。

11 利用"祸福吉凶",让说"不"合理化

当人们感觉到自己的心理状态不安定时,就会产生一种"防卫机制",努力地寻找一些原因来合理化自己的心理,而当找不到实际导致心理不安的原因时,通常就会认定它是某种祸福吉凶的征兆。这样的想法可以让他们即将崩溃的心智得以维持平衡。

"祸福吉凶征兆"的拒绝技巧,是说服请托者打退堂鼓的一个非常有效的方法。例如,聪明的销售员为了成功说服客户,常常会以"吉祥之兆"或"讨个吉利"的说法,让客户毫不抗拒地掏腰包消费。

由于绝大多数的人们,不管相信与否,都会接受"祸福吉凶征兆"的说法,因此,它们正好可以被用来当作拒绝他人时,一个有力、正当且方便的理由。毕竟,直接且明白地说出拒绝对方的理由,是一种很粗糙的拒绝方法,不但会显得很残忍,也会伤害到对

方的感情！相对的，如果你选择以"祸福吉凶征兆""投不投缘"的理由来拒绝对方，对方不但不会感到不高兴，反而会担心万一你真的发生了不幸的事情，他会感到愧疚或承担不起后果。

👍 制造心理距离的说"不"法

想拒绝别人又不想看到对方和自己的感情破裂时，使用这种没有理论或科学根据的方法，几乎每次都有效。因为，即使是不迷信的人，在听到这种论点时，都不免会产生"宁可信其有，不可信其无"的心态，认为不需要冒风险去赌上自己的未来，因此会放弃请求的念头。例如：

想要拒绝不喜欢的追求者时，你可以这样说："我们家族几代以来，凡是男女交往的对象都必须经过'卜卦'。卜卦的结果是我们'不适合'。"

遇到难缠的房产销售员时，你可以这样说："风水老师说，这间房子的格局与朝向不适合我。"

想要拒绝服饰店员热情的推销时，你可以这样说：

"这件衣服的款式很不错,可惜我向来不穿这种颜色的衣服,它会破坏我的磁场。"

不想接受婚丧的邀请时,你可以这样说:"我的生肖和新郎相克,不适合当伴郎。"或"我的八字很轻,不适合参加丧礼。"

不想参加朋友或同事的假日聚会时,你可以这样说:"黄历上说,我今天不适合出门。"

♡ 这样做,不会惹火对方

提出请托者无法掌握的超现实状态,把你的"不"正当化,这种拒绝方法的确十分有效。当然,也有人会借由神明的力量来说"不",例如"我对神明发过誓,绝对不会……"不过前提是,你对这种"假传神旨"的行为不会感到心理不安。

第 2 章 "冰冷心理距离"拒绝法，让对方默默退缩

12 不称呼对方名字，以维持冰冷距离

你是不是曾接过银行或保险公司营销人员的电话，他们一开口便热情地直呼你的名字，有如和你是多年老友一样？你是不是曾经在与人初次见面、交换了名片之后，对方便非常亲切地喊你的名字，有如你们是一家人一般？这是他们拉近与你的距离的最快方式。

想让不熟悉的人留下好印象，就要喊得出对方的名字。例如，深受员工爱戴的主管，或是得到广大学生喜欢的老师，都是因为他们能记住员工或学生的名字，借此快速缩短彼此的距离，让员工或学生感觉自己受到重视，因此，当他们对员工或学生有所要求时，总能顺利地得到正面的回应。

如果你想要对别人说"不"时，把这种方法反过来使用——别喊对方的名字——让互动气氛维持冰冷，就可以轻松地表达你的拒绝之意。通常，当你和

对方心理距离越来越接近、互动越热络时,就越难开口说"不"。因此,不要直接喊对方的名字,以保持冰冷的互动气氛。

👍 制造心理距离的说"不"法

在职场上,两个人初次见面时,都会彼此交换名片。大多数人为了表示礼貌,都会把名片放在对方眼前的桌上,而收到名片的一方,通常会仔细阅读对方的名字和头衔,好方便在交谈的过程中,可以随时喊得出对方的名字,并且聊聊与对方的专业领域相关的话题。

因此,当你想拒绝对方的要求时,最好的方法是拒绝接受对方的名片,让互动气氛冻结。如果你觉得不接受对方的名片这个举动有失礼节、太伤人,也太不给人台阶下的话,那么你可以在接过对方的名片之后,不要阅读名片上的信息,而直接将它放入口袋或者握在手中,传达你默默拒绝的态度。

接着,你还要以"贵公司"来称呼对方,刻意避

第 2 章 "冰冷心理距离"拒绝法,让对方默默退缩

免称呼对方的名字,传达出你不承认对方的态度。透过这样的举动,将互动气氛维持在生疏、冰冷状态,让对方感受到你完全不在乎他的态度。

♡ 这样做,不会惹火对方

如果你频频喊请托者的名字,就等于给了对方与你热情互动的机会,而一旦你们两人的相处气氛融洽、热烈时,你就会不好意思说出拒绝的话,或者,即使你鼓起勇气说了"不",也一定会惹得对方不高兴。所以,想要拒绝不是很熟悉的人时,绝对不要称呼他的名字,最好还能以非人称的方式称呼他,让气氛冰冷到令对方觉得你们就像陌生人。

13 讲出毫无逻辑的话，让对方不知如何说服你

在卖场里，我们有时会看到这样一个画面：一个年幼的孩童想要得到什么东西，但父母不愿买给他，这时他就会大声哭闹，甚至赖在地板上又哭又踢。不论父母对他讲了再多的理由，或对他威胁、恐吓，他的反应还是"我就是要那样东西"！

这种行为在心理学上称之为"退行"或"退化"现象，是一种自我防卫机制。意指人们在受到挫折或面临焦虑、刺激等状态时，放弃已经学到的比较成熟的适应技巧或方式，而退回到使用早期生活阶段中那种简单、幼稚的方法以满足自己的某些欲望。

对人说"不"时，无非是想要阻止对方持续的游说动作。只是，当对方的理由充足或与你交情深厚时，你就很难用道理或疏离的方式拒绝他，否则到最后会很难避免地变成理论之争，交情可能也会

因此而受到破坏。

这种防卫机制（退化式的防卫机制）看似幼稚，但当你将它延伸成"没有道理的个人原则"时，它便会是你拒绝别人的一个好方法。就像大人无法拿道理来对付年幼的孩子一样，你也可以利用这种"没有道理的个人原则"让对方无计可施。

👍 制造心理距离的说"不"法

使用"没有道理的个人原则"拒绝别人时，会让对方无法再进一步说服你。你可以这样说：

"我就是讨厌欠别人人情，所以别要求我去帮你说情。"

"我不喜欢替人传话，不管好事或坏事都一样！你还是自己去说吧！"

"这件事情我就是不会做，你还是找别人帮忙吧！"

"我就是讨厌不真诚的人，就算他给我再多好处，我也不会和他合作。"

"不知道为什么,我就是不喜欢那个人,所以还是请你指派其他员工去和他接洽吧。"

♡ 这样做,不会惹火对方

故意说出以自我为中心的言论,或是没道理的个人原则,来扰乱对方的逻辑。例如"讨厌就是讨厌""不喜欢就是不喜欢""不会就是不会"等耍赖式的借口,又如"快春天了,春天我就不能做了""今天天气阴雨,我的心情也跟着郁闷了起来,所以什么事都不想做"等模糊焦点、偏离主题的理由。

以上的借口与理由都会令对方因找不到任何联结关系,而找不到机会说服你,最后在无计可施的情况下,自然会打消对你提出要求的念头。

14 抢先说"不"，封杀对方进攻的机会

有些人面对请托时，会先发制人地抢先说"不"，或反射性地说"不"。他们先发制人的原因包括：完全找不到拒绝的理由；或者想到的拒绝理由没有什么说服力；或者虽然想到充足的拒绝理由，但因担心说出来后会引起对方的不高兴，或是为自己招来麻烦。

根据调查，被请托者在请托者企图展开说服之前，便反射性地抢先说"不"，其目的就是要阻断对方趁隙展开说服的机会。这个拒绝技巧的精髓要诀就是：精准掌握说"不"的关键时刻。简单地说就是，无论如何你都要掌握住说"不"的先机，让对方无法反驳或继续找其他理由说服你。这种拒绝方式虽然非常决绝，但是成功率却很高。

这个方法可以让你免于进退两难的局面。如果你真的想不出拒绝的理由，就干脆别想了。有时候绞尽

脑汁硬挤出来的不务实理由，反而会令对方感到你的态度敷衍，或让他有更多进攻的机会。这个时候你的最佳应对方法就是反射性说"不"，让对方在一时之间因这个突如其来且强而有力的拒绝乱了逻辑，你便可趁机封杀他说话的机会。

👍 制造心理距离的说"不"法

抢先说"不"的重点，在于关键时机的掌握。

如果你是男性，就可以利用太太的名义，用反射性的语气说："家里的事情都是我太太在决定，她现在不在家，所以我没办法答应你。"如果你是女性，就可以说："我先生不在，所以我不知道。"这是先发制人拒绝法的经典不败说辞。

一位在某大型保险公司担任营业处处长的业务员，第二次去拜访某位潜在客户时，才聊不到几句话，便听到客户说："每到冬季，我的心情就从来没有一天开心，你还是等冬天过了再来吧！"这位处长被拒绝得哑口无言，完全不知该如何反应，更令他感到气结的是，没想到自己竟然被"气候"给打败了，心中的冲击至今仍无法忘记。而且，他到现在还没有想出对付这种客户的方法。

某位先生在面对不动产销售员的游说时，先发制人地说："我前几天才用很优惠的价格买了一层大坪数房子，今天上午已经签约了。"

小陈每次接到银行或保险公司营销人员来电时，总会等到对方自我介绍结束后，便立刻插话说："我目前没有任何相关方面的规划，如果我有需要的话，我再打电话给你。谢谢你的热心来电。"

♡ 这样做，不会惹火对方

既然是抢先的、反射性的、先发制人的，你就无须费心思索理由，因为那些理由都不会改变你拒绝对方的决心。所以，最重要的是，你要以最快的速度，彻底利用身边的人、事、物来拒绝对方。

15 反复暗示对方某些弱点，让他丧失立论根据

相信大部分人都听过或读过"千里之堤，溃于蚁穴"的故事吧。一个细小如蚂蚁穴般的小洞，最初只是很少的水量渗出而已，但却在高水压引发的强力冲刷下，穴口越来越大，水量加速倾泻，最后千里长堤顶不住压力而溃决。

这种"细部刺激"的方法若加以延伸，便可以成为让别人对你说"是"，或你对别人说"不"的好方法。如果你有事求助于人，那么不论对方有多么难以被说服，你只要从细部着手，找出他的某一个弱点，彻底加以攻击，即使他表面看起来坚定有如铜墙铁壁，但内心的那道墙却正一点一点地在瓦解，最后因抵挡不住你的攻势，只好对你点头说"是"。

拒绝他人请托时也一样。采用"明褒细节，暗贬主题"的方法，不正面回答对方所提出的主题，转而

第 2 章 "冰冷心理距离"拒绝法,让对方默默退缩

赞美不重要的细节部分,暗示对方你的拒绝态度。

👍 制造心理距离的说"不"法

很多女性都喜欢问:"我美不美?"

当对方并不是很美,而你又不忍心因残忍的回答而伤了她的心时,你就可以用赞美细部的方式来表达你的"不"。例如:

"你的嘴形很美""你的眼睛和××女明星很像""你有一种无法形容的魅力""你的心很美"等赞美语。

当她听不到你说"你长得很漂亮",并发现你一直在回避问题时,她心里就会明白,你其实是在暗示她"你一点都不美"。

又如,一位朋友介绍来的保险业务员,针对你的需求为你规划了一份保单。但是,你根本不想买保险,或者你对他所规划的保险内容丝毫不感兴趣,但又担心毫不留情地拒绝会伤害你与朋友的感情时,你可以用这样的说辞来否定他:"这份保单看起来就像豪宅

那么高级""买这份保单的人应该都身价很高""这份保单太适合退休的老人了""我再拼个几年,也许就有能力买这份保单""这里面的一些细项条款,我觉得更符合我朋友的需求""如果我哪天生病住院的话,它一定能够帮上我二十分之一"……

当对方发现你从头到尾都没有肯定保单的内容时,他就会明白你否定他所规划的内容,或者你根本就是在拒绝他。

♡ 这样做,不会惹火对方

反复地赞美对方的部分细节,以"明褒暗贬"的方式,否定对方的主题;或者以反复否定部分细节的方式,夺取对方立论的根据,都会让对方明白了你的真正意思后,接受你的"不"。

16 故意挑剔细节，以切断双方心理联结

根据否定理论，当你坚决要拒绝他人的请托，却又不想伤害对方的感情时，有一个让对方知难而退的方式就是"鸡蛋里挑骨头"。也就是将对方的说辞细细分割，并一一予以否定，切断对方的条理，暗示对方你拒绝他的请求，让他因此而放弃继续说服你。这种说"不"的技巧，就称为"多点切断法"。

例如，有些训练有素的销售员，在客户一打开门的那一刻，就已经准备好说服技巧，这些技巧多半是由几种语句所连贯而成的，目的在于将对方的心理诱导向自己设定的方向。当遇到这种情况时，最好的回应方式就是，在他开始进行诱导时，便切断他话语的连贯性，再一一加以否定。

就请托者的立场而言，他当然希望能尽快和你拉近关系。如果他问"你喜欢运动吗？"或"你喜欢

看电影吗？"时，而你回答"是啊！"，那你们两人的关系便会从这个话题展开，并逐渐建立起两人的心理联结，接着他便会进一步提出"喜欢哪一类型的运动""加入哪一家健身房""喜欢哪一类型的电影"等话题，使关系再加深，好让你陷入他的布局中。

为了避免这种状况发生，你必须在与对方的心理联结尚未加深时，就以"多点切断法"来打断对方的说服动作。

👍 不伤感情的说"不"法

有位保险销售高手到小林家拜访，努力说服小林购买保险。当时小林正在忙着准备开会要用的年度营业资料，根本没有心情听对方讲话。这时，对方看到放在客厅里的高尔夫球具，便问道：

"你好像很会打高尔夫球？"

小林知道这是对方建立心理联结的开始，他必须把握机会——切断这些心理联结的对话。他说：

"我太太会一点点。"

第 2 章 "冰冷心理距离"拒绝法,让对方默默退缩

"夫人常打高尔夫球吗?"

"不,她常不在家,球具已被闲置到都快生锈了。"

"这么看来,你们的经济状况应该很好。那给我几分钟……"

"噢,我们已经谈了快二十分钟了。"

小林不停地打断并否定对方的话,语气明显令对方没有进一步说服的空间。

♡ 这样做,不会惹火对方

想要快速结束请托者的游说动作时,可以善用"多点切断法",先分析对方的话语,然后一一加以打断并否定,不让他有机会建立起与你的"心理联结",你便能快速且轻松地拒绝他。

17 提出安慰性的补偿，婉转传达"不"

通常，在拒绝他人的请托后，我们会感到愧疚，便紧接着说："真的很抱歉，这次无法帮上忙，以后我一定会好好补偿你的。"借此表达我们的诚意。虽然人们所提出的补偿方式大都不具重要意义，但确实能够弥补对方的失望心情。

说了"不"之后紧接着提出补偿方法，这是不伤和气拒绝法的重要原则。就好像我们买东西时，如果对方的售后服务不好的话，企业的形象难免也会受到连带损害。但最重要的是，千万不要等到不得不说"不"的时候，才开始思考该如何事后补偿，而应该在说"不"之前，就先想好要如何补偿，如此才能充分表示，你虽然帮不上忙，但很真诚地关心对方。

第 2 章 "冰冷心理距离"拒绝法,让对方默默退缩

👍 制造心理距离的说"不"法

国际知名的沟通兼人际关系大师卡内基,在许多著作中都推荐过这种"事后照顾"的拒绝法。他有位朋友是位著名学者,经常接到来自全球各地无数的演讲邀约,那位朋友就经常用这个方法来拒绝邀约。他在回复邀请时会如此写道:"很遗憾,我真的无法抽出时间来。"然后在下文中立刻推荐其他的演讲者:"×××在这方面的专业程度也是举国皆知的,我认为他非常适合讲这个主题。"

这种补偿性的说"不"方法,具有三个优点:

一、说了"不"之后紧接着提出"补偿",可以淡化对方被拒绝后的不悦感或失落感,让对方感受到你对他的关心;而如果你可以进一步说明这个补偿的内容的话,效果会更好。对方甚至会觉得这个补偿的价值,超过他原先对你的期待。例如,你推荐了一个比你更重要的人物来代替你演讲。你甚至可以主动提供这个重要人物的联络方式给请托人,或者干脆好人做到底,充当双方的介绍人。

二、清楚表示了你的诚恳态度,让对方明白你是真的无力帮忙,并没有要伤害对方感情,更不是随意找个毫无意义的补偿来敷衍对方。

三、先想好补偿方式后再拒绝对方,自然能更坚定地说"不"。

♡ 这样做,不会惹火对方

当你要用这种补偿方式拒绝请托者时,必须把握一个重要的立场就是:你诚心想帮忙但又没有办法的态度。

绝对不可以把自己说得太卑下,例如"我没有资格""你们太看得起我了""我没有你们想象中的那么厉害""他比我适合"等等,这种拒绝说辞很容易让对方认为你是在找借口拒绝他。

你的补偿方式不必一定得帮对方解决问题,只要提供某种程度上的协助即可。当然,如果你提出的补偿确实比对方原先的要求更好,让对方感到更满足的话,你的拒绝反而会让对方充满感激。

18 说"不"后的安抚话语，可避免对方反扑

当没有任何理由要对请托者说"不"时，绝大多数人们的心里都不免会感到不安，担心如此直接、干脆地拒绝，会破坏两人之间的关系或深厚的情谊。确实如此。如果从请托者的心理层面来看，在被拒绝后，他会因为尴尬与心中的期待没有得到满足，而感到不高兴。

过于断然的、直接的拒绝，很容易伤害到对方的感情，甚至提升他的攻击能量。心理学家表示，攻击行为的产生经常是来自于感情受到伤害，或期望无法获得满足。因此，当我们必须断然地拒绝别人，但又不希望伤和气或引起对方心生怨恨，那么在说了"不"之后，要紧接一句补救两人关系的话，让对方在失望之余，也能够平静地接受被拒绝的事实。

👍 制造心理距离的说"不"法

有天早上,为了赶上每天上班时搭乘的那班火车,乔治拼命地爬上阶梯,跑过两个月台,再冲下阶梯,但就在他气喘吁吁地跑到第三月台时,站在火车头位置的列车长却看着他并挥动红色旗子,然后无情地在他的眼前关上车门。他感觉车里的乘客似乎都在笑他,心里既受伤又生气。

这时,一位站在乔治后方的服务人员对他说:"第一月台有一班南下列车,再有五分钟就要开了。那班是快速火车,会比刚开走那班火车更快抵达你的目的地。"

服务人员的那番话,令他的不满情绪一扫而空。虽然被列车长拒绝了,可是服务人员的话却"安抚"了他。如果没有这个适时关怀,说不定那一整天他的心情都会很不好。像这种拒绝对方后,紧接着说一些补救的话语,可以安抚对方期待落空的失望与不悦情绪,并维持两人的和谐关系。

一位银行放款职员接受了一位认识多年的商行老

第 2 章 "冰冷心理距离"拒绝法,让对方默默退缩

板的贷款申请文件,但因为那位老板没有任何不动产可供银行当抵押品,所以没有通过银行的审核标准。当放款职员把这个坏消息告诉商行老板后,他紧接着说了补救的话:"如果你能提出商行近三年的盈余报表,或有亲朋好友愿意帮你担保,或帮你提供抵押品的话,银行就可以贷款给你了。"

这句补救的话,让他们两个人的关系更加亲近。由于商行一直以来都有稳定的获利,因此当老板向国税局申请三年来的缴税报表并提供给银行后,便轻松获得银行的核准,顺利贷到款项。

♡ 这样做,不会惹火对方

说"不"之后,及时加上一些补救的话,就像干旱大地上的一场及时雨,在请托者的心里重新注入活力。及时补救的话,可能使得你们的私人情谊更加紧密,也可能使你的工作更顺利。

19 贬低自我形象，暗示对方你力不从心

每个人都希望能在别人的心中留下好印象，而别人对你的评价往往建立在第一印象上。在第一次短暂接触与粗浅了解后，有人会觉得你是个个性冷漠的人，但也有人会认为你很热情且真诚。这种情形一点也不奇怪，就如社会心理学学者亚葛尔所说："在不同人的眼中，我们的形象其实都是不一样的。就好像一个表演者在台上与台下可能是截然不同的两个人一样。在舞台上，他因为意识到别人的眼光，所以在意别人对自己的看法，但下了舞台后，他就回到真实的自我。"

这种台上台下完全不同形象展现的模式，也是用来拒绝他人的请托的有效技巧。面对请托时，如果你表现出社会经验丰富、人脉资源广且能力强的形象，那么当你说"不"时，对方势必很难理解与接受。所以，你要表现出自己实际上是一个能力不足、交游不

第 2 章 "冰冷心理距离"拒绝法，让对方默默退缩

广，而且很爱斤斤计较的人。也就是说，让对方看到你负面的、否定的、能力不足的形象，借此暗示他你心有余但力不足或不愿帮忙，如此便能毫无心理障碍地说出"不"。

👍 制造心理距离的说"不"法

有位精神科医生，曾经在面对某位很爱找麻烦的病人的询问时，因为不想收治这位病人而如此拒绝他：

精神科医生："关于你所说的这个问题，我真的很难回答你。你认为我应该懂这个问题吗？"

病人："当然啊！不然我干吗要打电话问你。"

精神科医生："这样啊！这可考倒我了。"

病人："怎么会呢？这对你应该一点都不难啊！"

精神科医生："我担心的是，万一我无法回答你的问题的话，你可能就会认为我是个不够专业、不值得信赖的精神科医生。"

病人："我才不会这样想呢！可是你不是精神科医生吗？怎么可能会不懂这种问题呢？"

精神科医生:"你看,我说得没错吧!你已经在质疑我了,你认为那是我的专业,我不可能不知道。"

病人:"你真的不知道吗?"

精神科医生:"我要学习的地方还有很多……"

♡ 这样做,不会惹火对方

若不想惹得请托者不高兴,那么在拒绝他之前,先以"贬低自我形象"的方式,为接下来的说"不"铺路,制造出一种你力不从心的气氛,帮助你可以轻松地说出"不"。

20 避免使用推托辞，以防对方有机可乘

许多沟通专家在谈到拒绝的技巧时，经常会推荐人们使用"推托辞"来回应。所谓的推托辞，就是指在当下能够帮助你逃避问题或困难的借口或小谎言，诸如"现在我很忙""我现在没钱"等等。

表面上看起来，推托辞似乎是可以让你轻易摆脱请托者，然后轻松说出"不"的一种方法。但是对销售人员而言，不论是教育训练课程或销售手册，其一再强调的反而是，他们要乐于听到顾客利用"推托辞"来拒绝他们。由于这些逃脱困境的说辞都是顾客在情急之下的反射性借口，训练有素的销售人员当然十分清楚破解之道，自然就可以立刻加以反驳，并借此机会拉长与顾客互动的时间，最后或许会成功地说服顾客。

不论你想到多么完美的"推托辞"，它们基本上

都是小谎言，而且由于都是过于牵强、缺乏说服力的借口，因此很容易遭到对方的反驳。而一旦被反驳后，你就得再想更多的谎言来脱离困境，否则就会被对方困在陷阱中，直到再也想不出任何小谎言，最后你只能无奈地向对方说"好"。

👍 制造心理距离的说"不"法

"推托辞"令人一听就知道并不是"断然拒绝"的说辞，它们处处留下让人可以随时反驳的漏洞。

当你要对人说"不"时，绝对不要使用这类牵强、没有说服力的小谎言，以免给对方逼近的机会。你应该使用令对方完全无法找到攻击漏洞的理由，例如"价格过高""我不喜欢""我不需要""我不会做""它只会给我带来麻烦和不便"等等，好让自己最后可以轻易地脱口说"不"。

倘若你使用"推托辞"来拒绝对方，只会把自己逼入绝境里。例如：

你说："抱歉，现在我很忙！"

第 2 章 "冰冷心理距离"拒绝法,让对方默默退缩

销售员:"没问题!你去忙,我会等你的!"

你说:"我现在没时间!"

销售员:"既然你都可以出来招呼我了,那应该还有时间嘛。我只要耽误你几分钟就好了!"

你说:"不好意思,我现在没钱!"

销售员:"钱的问题你不用担心,你可以分期付款,或者以后再给也可以。"

♡ 这样做,不会惹火对方

当你的拒绝说辞过于薄弱或牵强时,便会令对方觉得有机可乘,而进一步地将你逼到无处可逃。因此,在说"不"之前,你要先想好周全的、预留退路的理由,如此才能彻底打消对方逼近的企图,并让自己全身而退。

21 利用制式化回答，封闭对方的期待

不论以言语或书信的方式表达拒绝之意，如果说辞过于冷峻，都会让对方感觉受到侮辱；但若过度诉诸感情，又给人感觉过于亲密，恐怕会留给对方"还有希望"的想象空间。

就像企业在征聘员工的过程中，最感到头痛的也许就是发出不录取通知。由于每个应征者都是满怀期待并挤出时间来应试，当然要对他们表达感激之意。但是没有通过考试或面试毕竟是事实，这一点如果没有清楚且明确地表达，可能就会引起后续不必要的麻烦。例如应试者会因为不确定自己到底有没有被录取，而要求再一次的直接面谈等令人感到麻烦的事情。

有鉴于此，每家公司的人事部门都会有一份制式化的不录取通知。这份通知的内容通常写得文情并茂，一方面很恳切地表达感谢之意，肯定对方在应征期间

的表现，一方面又以诚恳但公式化、不具感情的口吻，表达不予录取的立场，以浇熄对方的期待，不让对方有挽回的余地。

👍 制造心理距离的说"不"法

要如何恰如其分地，以感激、清楚且明确的语气表达拒绝之意？以下三家公司制式化的回函，可以供你进行比较：

甲公司："非常感谢阁下拨冗来参加本公司今年度的招聘考试。经过几位评审慎重地讨论后，在此必须很遗憾地通知阁下，阁下没有通过这次的考试。特此通知。祝你身体健康！"

乙公司："此次本公司的招聘考试中，阁下并没有通过考试。特此通知！"

丙公司："非常感谢阁下能来应试本公司的职员招考！你的笔试与面试表现都很好，但很遗憾的是我们不能采用，日后若还有机会，希望阁下再来应征。"

相较之下，乙公司的制式回函口吻过于冷淡。丙公司的回函中，出现了"表现很好""遗憾""还有机会"等字词，容易令人觉得，如果再进一步交涉的话，也许有机会被重新录取。

这些公司的回函都制式化地使用了"慎重地讨论""很遗憾地通知你""祝你身体健康"等千篇一律的用语，让双方在做法或感情上都能维持平衡，是最得体的拒绝法。这个方法不仅能得体地用来拒绝无法通过测验的受试者，也适用于任何想说"不"的人。

♡ 这样做，不会惹火对方

使用机械化的语言、制式化的回答，彻底切断对方的期待，让对方没有挽回的余地。当然，你也可以创造属于你自己的制式化拒绝词语，例如"我深信任何工作都应有相应的回报，包括朋友之间的'帮忙'……"

22 制造亲密假象，让对方不得不说"好"

当遇到交情深厚、无所不谈的朋友提出请托时，大多数人常常会碍于关系过于友好与亲近，不好意思对他说"不"，或否定他的某些负面行为。他们会认为，既然是交情深厚的好朋友，就应该包容对方的一切，如果拒绝他的请求或否定他的负面行为，就等于在否定自己选择朋友的能力。

假如提出请托的这个朋友，平时总是展现出令人观感不佳的形象，例如不了解实际状况就随意批评别人、经常借钱或借东西不还、喜欢穿着拖鞋搭大众交通工具，或是喜欢边咀嚼食物边说话……在这种情况下，若是双方的交情并不是很深厚，被请托者可以比较没有负担地指出对方的负面行为与坏习惯；但双方若是交情非常深厚的朋友，被请托者就会无法说出"不喜欢""拒绝这种行为"之类的话，而多半会选择默默忍受好友的坏习惯。

面对好友的请托时，被请托者可能别无选择；但是当双方的交情并不深厚时，被请托者若能刻意制造与对方"假意亲密"的关系，就可以让自己在拒绝对方时不会有太多的心理压力，这是封闭对方说话的机会的好方法。

这个方法的操作方式并不困难，就是假意以话术诱导，提出让对方只能说"好"的问题，进而建立自己与对方之间的亲近关系，然后夺取交谈的主导权，顺利让对方知难而退。

👍 制造心理距离的说"不"法

常常，正当你忙得焦头烂额时，突然接到推销人员亲切问候的电话，并执意向你推销新款的车子，令你感到十分困扰，但又无法击退对方高超的推销技术。这时候，你其实可以用亲切的语气对他说："哎呀，你一直这么照顾我们，经常寄各种汽车信息给我们，真的太感激你了……"等到和他建立起亲密假象，使

第 2 章 "冰冷心理距离"拒绝法,让对方默默退缩

他对你的问题与要求只能说"好"的时候,你再对他说"不",他就会默默接受或勉强说"好"。或者,在他滔滔不绝地讲话与提问的中途,适时地以"果然""不出我所料""你也这么想吗"等话诱导对方,将说话权转到你的身上,等到逼对方走投无路时,迅速下决定说"再见"就可以了。

♡ 这样做,不会惹火对方

有备而来的请托者,会掌握谈话的主导权,会提出一些让你别无选择、不得不说"好"的问题,与你建立亲密假象,再顺势将你引导到他设定的目标。如果你想用这种方法来封闭对方,那么你必须要先做好准备,想办法夺回主导权,让他只能对你说"好"。

23 透过"苏式问答法",诱导对方说"不"

一提到苏格拉底这位两千多年前的古希腊哲学家,时至今日,他对世界仍具有极大的影响力,这一点相信没有人能够否认。他除了是位伟大哲学家之外,其高明的说服力更无人能出其右,而他所创立的"问答法",至今仍被世界公认是"最聪明的劝诱法"。

"问答法"的基本原则是:与人论辩时,一开始不要去分析对方的观点,而是强调彼此共同的观点,目的是要先和对方取得共识,建立起双方的心理联结,然后再一一针对对方所说的"不"加以分析,指出其错误之处,并执意提出让对方无法说"不"的问题,以此方式说服对方。

想要利用"苏格拉底式的问答法"来拒绝请托,具体的做法就是:步骤一,先提出一连串让对方只能回答"是"的问题,此举的目的在于建立起彼此的心

第 2 章 "冰冷心理距离"拒绝法，让对方默默退缩

理联结，让他排除防卫心理，认为你们是朝着共同的目标前进，如此你自然能够掌握发言权。步骤二，提出诱导对方不断说"不"的问题，让他认识到，你们虽有一致的态度与目标，但因个人观点或立场的差异，以致无法达到共同的目标，最后他只好默然接受你的拒绝。

👍 制造心理距离的说"不"法

有位已故日本作家曾经发生这样有趣的事。某家杂志社的新任编辑请求他撰写连载专栏，那位编辑对作者说："我真的很幸运，不论我邀请哪一位作家帮忙写专题，只要一报上我们杂志社的名称，多数的作家都会同意为我们提笔，所以我从来不曾为了这类请求而苦恼过，这一点令我感到很欣慰。"

这位作家听到这番话后，平静地摇着头说："这就不对了，我在年轻时也曾当过编辑，但因为出版社的规模小，很难请到作家为我们写专栏，所以我便下定决心要说服难缠的作家为我们出版社写专栏。这个

任务的确难度很高,但我成功了好几次,而那种成就感与快乐是在我当编辑之前不曾感受过的。我必须说,你的幸运其实正是你的大不幸。"

那位新编辑原本认为自己可以轻易完成这次的邀稿任务,殊不知如今却因被作者拒绝而成了不幸的人,想必他一定感到很错愕,没想到自己在遭到作者否定的同时,还不得不承认作者的观点是正确的。

♡ 这样做,不会惹火对方

针对对方所说的"不"逐一加以分析,并在指出其不合逻辑或错误之后,便顺势提出一连串让他只能回答"不"的问题,直到他意识到,你虽然很愿意帮忙,但因两人的看法或想法的差异,最后他只好主动放弃要你说"好"。

第3章

"奉承式"拒绝法，取得对方认同

本章所要强调的说"不"诀窍是"奉承式拒绝法"。这个方法会让请托者在不知不觉中接受你说"不",而且你们的关系不但不会因此遭到破坏,还会在你说"不"的瞬间,被更进一步地提升。

在面对与自己利益冲突的事情时,相信任何人都会心生不悦,也会尽可能地避免让冲突发生,但是当冲突无法避免时,双方都会努力想办法将危机化为转机,把情势转变成有利于自己的局面。在这种情况下,你只要懂得运用"奉承式拒绝法",便可以适时扭转危机,让请托者很自然地接受你说"不",同时又可以轻易满足对方的自尊心。

除了个性异于常人的人之外,相信一般人在请托遭到拒绝时,会因为要求没有得到满足,导致感情受伤或心里产生不悦的感觉。因此,当想要拒绝他人

第3章 "奉承式"拒绝法,取得对方认同

的请托时,若你希望可以做到双赢的结果,让对方在不知不觉中接受你说"不",同时不会心生不满的话,最聪明的方法就是:先彻底地奉承对方。

奉承,有时候会让人感觉虚情假意甚至是欺骗,是种很不恰当的行为。但是,不论恰当与否,只要表现得不会令对方感到唐突就可以了。这里所谓的"表现",并不是指正式的、严肃的、显眼的举动,而是把一些平常但贴心的小动作,以比较刻意的方式表现出来。

"奉承式拒绝法"是一种极为有效的拒绝技巧,不但不会切断自己和对方的心理联结,还能使双方的关系在你说出"不"的那一瞬间更加强化,使得对方不自觉地接受你的"不",而且不会有不悦的感觉。

24 保持自谦,以防对方心生不悦

电视偶像剧几乎都有一套不变的剧情模式,就是"高富帅"的富二代爱上乡下长大的贫穷、清纯女孩,而故事中的女孩总是因为自己的身份地位无法与男孩匹配,而拒绝对方的追求。

这位女孩因为尝尽了人生的辛酸,可以充分地掌握人们的心理状况,为了要打消男孩追求的念头,通常会这样说:"你家那么有钱,你又从国外拿了高学历回来,你的父母亲一心一意栽培你,就是期望未来你能够顺利接管家族企业。你应该去找一个门当户对,而且在事业上能够帮得上你的女孩结婚。我的学历不高,没有专长,工作能力也不是很强,更没有认识什么政商名流。虽然我爱你比你爱我还深,但我什么都不懂,如果你和我这样的女孩在一起,我只会变成你的负担,甚至成了你事业发展的绊脚石。我实在太爱

第 3 章 "奉承式"拒绝法，取得对方认同

你了，所以我不得不为你着想，我想我们还是分手比较好……"

不论这个女孩是真的认为自己配不上对方，或者是在玩欲擒故纵的手法，她的说辞句句都把对方捧得高高在上，使得男孩不会因为被拒绝而过度伤心难过。这种以自谦方式说"不"的方法，也许会造成对方实质上的损失，但在心理与感情上，他们都不会有太大的伤害，因为他们的自尊心获得了满足。

👍 不伤感情的说"不"法

为了能够顺利地说"不"并让对方感到被奉承，你必须学会"弯下腰，以谦卑的态度和对方互动"的技巧。例如，想拒绝上司指派的任务时，你可以这样说："这项工作对您而言轻而易举，每次您总能指挥若定并且迅速完成工作。但是，我有自知之明，我的能力没有您这么强，也没有您这么聪明，我怕万一没有把事情做好的话，会有损您的信誉。我真的觉得我无法胜任。"

这样不仅提高了上司的地位，同时让他觉得你是真的因为无法胜任，担心会毁了他的名誉，所以才不得不拒绝接受他的指派。如此一来，他不但会接受你的拒绝，还会感激你为他着想。

"自谦"这个方法，尤其适用于拒绝不喜欢的对象或媒人。当你说"他的家世这么显赫，我真的不敢高攀""对方太优秀了，我配不上他"时，既可以拒绝他的要求或请托，同时又为对方保留了面子。

♡ 这样做，对方会觉得被奉承

想要在最后成功地说"不"，并让对方自然而然地接受你的拒绝，就必须要先奉承对方，彻底满足对方的自尊心，如此才能在你说"不"时，不会让对方因心里不协调，而产生敌意或不悦的感觉。

25 让对方觉得被拒绝反而是件好事

在所有的说"不"方法中,最高超的技巧就是,让请托者感觉到"被拒绝反而是件好事"。

通常,请托者遭到拒绝后之所以感到不高兴,原因不外乎是他们原本的期望落空了,没有得到满足。但是,如果被请托者能让对方在被拒绝后,不但没有产生不高兴的情绪,反而觉得自己被拒绝是件好事的话,那么"期望落空的遗憾"自然也就不存在了。

曾经,有年轻人请我的好友帮忙介绍工作,也有小公司的老板问我的好友是否可以帮忙找员工。虽然最后我这位好友都没有帮上忙,但在回应请托者时,他还是想办法让对方觉得并不是他不愿意帮忙,而是为了他们的利益着想,才不得已说"不"的。最后,请托者不仅没有觉得我的好友的做法并没有伤及彼此的感情,还欣然接受了他的拒绝。

👍 不伤感情的说"不"法

有位著名的儿童文学作家,有天收到某出版社编辑寄来的一封电子邮件,邀请他为即将出版的一本儿童绘本作品写推荐序。这位拥有广大读者的作家几经思考后,决定拒绝对方的请托,并写了这样一封拒绝函:

"对于阁下来信邀请本人为新作品写推荐序一事,在评估了我目前工作的繁忙状况之后,自觉实在无能为力。对此,我也感到十分懊恼,感觉好像辜负了一个好友的期待一样。

"此外,在完全不了解作者的背景与创作理念的情况下,要写一篇能够贴近作者与作品的推荐序,实在有困难,我很担心写出来的推荐序,无法精确传达作者的作品风格与特色,以致破坏了作品的一致性,不但未能为作者及作品加分,反而会对作品的销售造成负面影响。

"多年前,我在出版某本文学作品时,也曾邀请某位文坛好友帮我写推荐序,可是最后却发现,那篇序文不适合我的作品内容。若是采用了那篇推荐序,我的作品就会失去整体性;但若不采用,又感觉对不起我的好朋友。最后,那篇序文反而变成我的一个困扰。"

♡ 这样做,对方会觉得被奉承

只要你能掌握这种"被拒绝"与"期望落空"间的微妙心理,那么当你对人们说"不"的时候,便可以巧妙地让对方产生"还好他拒绝我"的幸运感觉,让他觉得虽然自己被你拒绝了,但这对他反而是一件好事,甚至他还庆幸被拒绝呢。

26 不停赞美对方，直到最后才说"不"

根据心理学家的研究显示，人们彼此常常相互赞美，可以创造非常和谐的人际关系。当人们沉迷于这种被赞美的快感，感觉自我满足的时候，就比较容易忽略现实状况。

例如，当别人赞美你一句话时，你经常会回报对方两三句的赞美，而对方又因为你这两三句的赞美，再还以四五句赞美词……诸如此类的赞美，很容易把两人的互动引向良性循环，而赞美的次数越频繁，就越令人无法看出彼此的心里在想些什么。

诸如此类的例子，就在彼此你来我往的赞美之下，渐渐偏离了问题的焦点，自己甚至会不自觉地犯下错误，但因为双方的态度与看法一致，所以才没有察觉自己走偏了方向。

当你要对人们说"不"时，也可以利用这种"赞美式拒绝法"，让对方在不知不觉中，随着你的牵引，自然地接受你的拒绝。这个方法的操作技巧是，借由刻意的反复赞美来营造美好、和谐的气氛，借此淡化并偏离问题的焦点，然后顺势拒绝对方的要求。

更简单地说，反复地赞美对方，营造美好的互动气氛，然后将话题渐渐从主要问题转移到其他事情上，模糊对方的焦点。最后，当你绕了一大圈后再回头拒绝他所提的请求时，他就能较轻松地接受。

👍 不伤感情的说"不"法

在与人进行商谈时，不要一直赞美对方所提出的议题，而应该赞美主题以外的事情，例如不停地称赞对方口才流利、反应迅速、工作能力强、懂得休闲玩乐、高尔夫球打得很棒等等。

这种跳脱主题的赞美，即使对方知道你是在奉承他，他也不会因此而不高兴，甚至觉得应该要礼尚往来地赞美你。在这样来来回回的赞美过程中，他会越来越搞不清楚谁是请托者、谁是被请托者。如此，当你拒绝他时,他心理上就不会觉得不舒服或唐突。

♡ 这样做,对方会觉得被奉承

表面上不断地顺应、认同对方的要求,不断地顺着对方的意思说"好",并持续维持这样的状态。这样做的目的,是为了能够慢慢把话题转到问题以外的事情上,方便你说出"不"。

27 说对方喜欢听的话，诱使他自己说"不"

日本"面谈"权威堀川直义研究指出，基本上，面谈时可以用"引诱"与"强迫"两种方式，诱导出对方的"真实品性"，但这两种方式的效果却有很大差异。当要拒绝别人的请托时，若使用"引诱性面谈"法，可让对方在毫无知觉中，自然而然地接受你的拒绝，但并不会让他因此而心生不悦；而若使用"强迫性面谈"，则不论对方是否高兴或愿意，对方都必须被迫接受你的意志或感情，但可能因此而伤了彼此的感情。

如何使对方无法抗拒你的"不"，而不会心生怨怼？有效的方法之一就是，利用对方喜欢的话题，顺势引导他自我对话、自问自答，最后让对方接受"不"。这种方式不但不会引起对方的不愉快，也不会让对方有期望落空的感觉。相较于其他强迫对方接受你的

"不"的方法，这种利用对方喜欢的话题，引诱他接受你说"不"的方式，可以说有效且人性化多了。

👍 不伤感情的说"不"法

两年前，林教授开始指导某位学生的硕士毕业论文。说来也奇怪，林教授老觉得和那名学生似乎不投缘。当然，身为一名老师，他明白自己不应该有这样的感觉，不论遇到什么样的学生，他都应该想办法拉近彼此的感情，努力地传授知识，才是一个尽责的教师。

他指导这名学生的过程十分耗费精神，但碍于彼此不投缘的心态，加上双方在意见上难以沟通，使得他想让学生写出理想的、合格的论文，都成了一件困难的任务。整个指导过程，双方的心情都不是很愉快。

不出所料地，这位学生的论文成绩并不理想，但林教授又不好意思直接点出问题症结。终于，他想到了一个解决方法。他开始询问那名学生他最大的兴趣是什么，学生表示，他非常喜欢运动，最大的兴趣是参加"铁人三项"比赛，甚至已到疯狂的地步。他的

第3章 "奉承式"拒绝法,取得对方认同

兴趣正好和林教授的不谋而合,在将近一个小时的时间里,他们都在讨论"铁人三项"运动,还约定下次一起去参加比赛。

运动的话题告一段落后,那名学生突然开口承认,自己的论文确实写得不太理想,想要重新选一个论文主题,而且是与"铁人三项"运动相关的主题。他计划探讨这项运动的热潮,同时分析运动如何改变现代人的生活形态。

最后他的论文进行得很顺利,成绩也十分理想。

♡ 这样做,对方会觉得被奉承

若要让请托者无法抗拒你的拒绝,不妨利用对方喜欢的话题,因势利导,顺水推舟,让对方自动开口否定自己的行为,如此对方不仅不会感到不高兴,也不会因期待得不到满足而产生失落感。比起强制对方接受你说"不",这种方法显然高超多了。

28 以诉苦回应抱怨，引发对方的同理心

在某场演讲上，有位著名的演说家传授年轻人处世之道。他教了他们一招可以既不伤和气，又能让请托者恢复信心的拒绝招数，就是"同是天涯沦落人"拒绝术，这招尤其适用于拒绝他人借贷。

这个技巧的最大诀窍在于：聆听对方抱怨的同时，也向对方抱怨。一般而言，人们之所以会向你求助，是因为他认为"你的状况比我好，向你求助的成功机会比较高"。当遇到这种情况时，你不仅要摧毁对方的想法，还要以同病相怜的姿态回应对方，向对方坦承自己其实也有困难，以增添对方内心的不满与不安。

如果你只是用简短两句话来拒绝好友的请求，不免会令对方觉得，你有能力帮忙但却见死不救，只想用几句话敷衍、打发他。一旦这样的感觉深植对方心里时，势必会损及你们的友好关系。

第 3 章 "奉承式"拒绝法，取得对方认同

👍 不伤感情的说"不"法

阿雄是某家中型电子科技公司的小主管。有天，他接到大学时期的好友来电向他借钱，他是这样拒绝对方的："我们这么久的交情，你很清楚我向来对朋友都是两肋插刀的。但是目前我也没有比你好过，上星期我才向我的小舅子借钱。我两个孩子都念私立大学，学费、生活费、沉重的房贷和车贷……我得精打细算地过日子。希望你能体谅我的处境，这次实在无力帮你。"

周立开了一家电子产品卖场。一年下来，周转金已经花光了。虽然生意渐有起色，但每月的收支仍无法平衡。在不断调整经营的策略下，他渐渐掌握到正确的经营方法。他知道只要再用一年，一定能让卖场转亏为盈，他甚至还向银行贷了一笔资金。有天晚上，他回家准备吃饭时，发现餐桌上只有一大碗白饭和两盘青菜。

"怎么只有这样？"他问。

"是的,就只有这样。"妻子回答。

简短两句对话让周立当下明白妻子的困扰。他知道妻子已经尽了最大的能力持家,她在照顾两个年幼的孩子之余,甚至还想办法赚钱贴补三餐。

八个月后,卖场终于开始转亏为盈,周立也松了口气,从此不再让妻子愁苦过日。当他和朋友聊到那晚与妻子的简短对话时,他说:"那一刻,我觉得我的心被撕成了两半。我太太是个从不抱怨的人,但那个举动却是最有效的哀求。"

♡ 这样做,对方会觉得被奉承

面对困难时,夫妻之间会因为是生命共同体而不抱怨,但朋友之间却很难有这种默契。因此,若想要对方接受你的拒绝,那就不要隐藏你的困境。当对方向你喊穷时,你就和他一起哭穷,对他说:"我们一起努力,希望尽快解决各自的难题。"

29 请对方自行提出解决方法，驱使他自动放弃

拒绝他人请托时，若一味采用"当面直接拒绝法"，通常会导致沟通变得更困难，且问题变得恶化。尤其，当你必须说"不"，但请托者却抱着"宁为玉碎不为瓦全"的强硬态度时，使用"当面直接拒绝法"极可能会造成两败俱伤的下场。

想顺利拒绝态度强硬、有理讲不清的请托者时，要采用柔软方式，把问题"抛回去给对方"，并进一步要求对方提出解决问题的方法。在这一来一回之间，对方的态度就会变得越来越薄弱。如果最后对方无法提出有效的解决方法，你便可顺势让他去承担被拒绝的责任。

总之，就是请对方具体地告诉你，你应该怎么做才能帮他解决困难。如此一来，对方会因为自尊心作祟，不得不拟出一套能让你接受、具有说服力的解决

方法。

表面上，你似乎并没有拒绝他们的提案，但事实上，你其实早已说了"不"。

👍 不伤感情的说"不"法

石川是某家石化公司的总经理，他经常要代表公司与工会代表们谈判，讨论年终奖金的发放比例与未来一年的调薪幅度。他带领几名主管和工会的代表们协商三次了，但工会代表们所提出的金额过高，而且态度强硬，以致一直无法达成共识。

星期一早上，工会代表们发出了最后通牒，表示公司若无法在三天内答应工会提出的要求，所有员工将从星期四开始无限期罢工，直到公司表现出诚意为止。

石川并非不愿意给员工更好的福利与薪资，但代表们完全不退让的强硬态度令他非常头痛。在与董事会讨论后，他决定来个釜底抽薪。当天下午他和代表们再次进行协商，并把公司完整的财务、债务及盈余数据备份给他们，然后对他们说：

第3章 "奉承式"拒绝法,取得对方认同

"由于我们的协商一直没有达成共识,所以今天我想请各位帮我想想办法。我们公司的财务一向很透明,麻烦各位根据这份财务资料,帮我计算出合理的奖金与加薪幅度,同时还必须确保公司未来可以正常营运。我相信这样一定可以让我们劳资双方都感到满意。"

谈判终于有了初步的结果。代表们在请来专业人士计算过后,不但做了相当程度的让步,也了解高层的确是用心在照顾劳工。

♡ 这样做,对方会觉得被奉承

当你向请托者说"不",而他不愿接受时,就请他自己去寻找"是"的答案,让他提出如何具体完成自己的要求,一旦他做不到,不用等你开口拒绝,他就会自动放弃对你的要求。

这种要求对方提供解决方案的方法,可以让被请托者摆脱责任与压力,即使最后无法完全拒绝,相信对被请托者也是较完善的策略。

30 别在一开始就拒绝，要在过程中说"不"

这种拒绝的方法之所以具有说服力，必须感谢过去许多失败的案例提供了很好的证明。利用过去无数失败的例子为证，便可以推论出请托者未来成功的概率微乎其微，如此便能成功地打消对方的请托。

这个拒绝技巧的操作方法是，当你必须向请托者说出他不容易接受的"不"时，千万要记住，先不要一开口就否定对方的结论，而要运用"提议"或"建议"来否定对方的论点。简单地说，就是使用"建议等于否定"的方式。你完全不需要说出"不"字，只需列举出当你说"是"时，可能会产生的种种负面结果。如此一来，对方即使还没有听到你的结论，也能够接受你说"不"了。

第 3 章 "奉承式"拒绝法,取得对方认同

👍 不伤感情的说"不"法

《韩非子》一书中,有一段相当著名的故事,便是"在过程中说不"这个拒绝法的最佳印证。

战国时期,齐宣王有一位谏臣名叫缪留。有一次齐宣王想要重用两个人,便询问缪留的意见。缪留列举出这两个人过去的作为,他说:"魏国国君曾经重用过这两个人,结果因此丧失了一大片国土;后来楚国国君也重用过这两个人,没想到最后却害得楚国的国力遭受空前未有的损耗。现在,如果大王执意要重用这两个人,我担心我们国家很可能会毁在他们两人的手里。"最后,他强烈建议齐宣王:"还是不要重用这两个人比较好。"

缪留在对齐宣王劝谏时,并没有一开口便大力反对,而是先客观地描述具体事实,然后再以归纳的方式,推论出这两个人可能迟早会把国家给毁了的结论。这正是缪留否定齐宣王想法的绝妙技巧。

换个角度来看,如果缪留一开口就对齐宣王说:"如果重用这两个人,我们的国家可能会毁在他们两

人的手里。"会有什么不一样的结果呢？结果可能是，齐宣王也许会认为："缪留的论断如此极端，反对如此激烈，似乎很痛恨那两个人，因此可能利用这个机会公报私仇。"如此一来，他反而不容易接受缪留的"不"。

♡ 这样做，对方会觉得被奉承

要拒绝他人时，不要在一开始就急着对请托者的要求说"不"，也不要强迫对方接受你的"不""不行""不要"等的主观判断，而应该在说服对方的过程中，列举出种种负面的、行不通的实例，让对方了解一旦你说了"是"，日后将会产生难以预测的失败结果。如此，他自然便会接受你的"不"了。

31 以无关主题的话题，打断对方的判断逻辑

经验老到的销售员为了避免一开口便遭到断然拒绝，通常在切入主题之前，会与潜在顾客聊一些与产品无关的话题，借此与顾客建立起感情联结，等到彼此的关系拉近后，再适时地带出产品主题，说服顾客接受他的建议。

一般而言，他们会以新闻热门话题、自己日常生活中发生的一些小故事，或与生活紧密关联的话题作为开场白，然后再依据你的反应决定接下来要和你聊些什么话题，最后再伺机导入他所要推销的产品议题。

因此，当你要对人们的请托或要求说"不"时，只要掌握同样的模式，利用与主题无关的日常生活话题，轻易地转变与对方的谈话方向，等到聊了一阵子，彼此较熟悉后，便可以借口不要浪费对方的宝贵时间，或者对他表示你很喜欢和他聊天，希望他下次再来，

然后便结束谈话。

👍 不伤感情的说"不"法

不论你想拒绝的是男性或女性销售人员，在对方切入主题之前，你便可以把话题从主题转向家常话题。例如你可以猜猜他是哪里人，如果猜中了当然可以加速彼此的熟悉度，若是没猜中也无妨，因为通常对方会主动告诉你答案。只要掌握了对方的出生地，就可以进一步牵引出与他推销主题无关的话题，然后在一阵愉快的交谈之后，再坚定地拒绝对方。例如：

你："你的口音听起来不像台北人。"

销售员："没错，我是南部人。"

你："南部的哪个地方？"

销售员："高雄。"

你："这么巧，我以前就在高雄当兵。我的部队离著名的莲池潭不远，放假的时候我经常去那里玩呢。"

销售员："这实在太巧合了。我就读的高中就在莲池潭旁。"

一阵愉快的交谈之后,你便把握时机对他说:"和你聊天真的很愉快,那改天欢迎你再来玩吧,谢谢你!"

这会让对方在转身离开之际发现自己上了你的当,但也只能接受。

♡ 这样做,对方会觉得被奉承

"你出生地是哪儿?""你是哪个学校毕业的?"等问题,是用来探察及熟悉对方态度的前哨战。利用这些和主题无关的日常生活话题,一步一步地转变话题方向、远离主题,等到两人忘情地天南地北无所不聊、完全偏离主题时,你便突然结束谈话,令对方一时之间完全失去判断力。这样,对方自然也就没有机会达成目的。

32 以"模糊的要求"取代说"不"

所谓"模糊要求拒绝法",其实就是一种提出"缺乏逻辑的要求"的拒绝法。这种拒绝法的最大特色在于,它会打乱一般人的思考逻辑,让对方抓不到你语意中的重点,以致不知道该进或该退、该生气或是该高兴。

例如,有些丈夫觉得妻子的厨艺实在令人难以忍受,但为了不伤害妻子的感情,所以不忍心当面批评或拒绝。这时,有的聪明的丈夫便会对妻子提出"想吃充满爱情味道的菜"的模糊要求,暗示妻子她的厨艺需要加强。

又如,在百货公司里,有些消费者在面对热心的售货员时,似乎是与生俱来的,他们就会不知不觉使用这一招来拒绝对方的推销,这些消费者通常会说:"我不确定这件衣服我老公会不会喜欢。"

第3章 "奉承式"拒绝法，取得对方认同

"我个人很喜欢这条丝巾，但我是要买来送给我婆婆的，我不知道她是不是也会喜欢。"

当遇到消费者这些说法时，相信再厉害的销售人员，也都会无法再维持高度的推销热情。

👍 不伤感情的说"不"法

有家建筑设计公司要聘请几名设计师。面对数百位应征者，负责面试的设计部经理心中自有一套婉转的拒绝方法。当面对带着设计稿来应征的年轻面试者时，他会说："嗯，不知道是不是因为我昨晚熬夜，导致今天精神不太好的缘故，我不太理解你的设计图想要呈现的概念是什么，请你画一份我看得懂的设计图来好吗？"

最后，大部分去面试的年轻设计师，都带着一头雾水、似懂非懂的表情离开。他们全都无法理解，经理所说的"画我看得懂的设计图"是指什么。在无法为自己的作品做辩解的情况下，也只能丧气地放弃机会。

这位设计部门的经理并没有否定应征者的能力，而是对他们提出"没有逻辑性的模糊要求"，令他们感到茫然无措，无法进一步为自己争取表现的机会，最后只能黯然打消说服经理的念头。

♡ 这样做，对方会觉得被奉承

不论对方多么难以拒绝，你只要持续提出模糊的、毫无逻辑的要求，让对方丈二和尚摸不着头脑，搞不清楚你的想法，对方就很容易变得沮丧，最后只好放弃说服你。

33 先说"好"再说"可是",让对方碰壁

"好的,可是……"(Yes, But...)的拒绝技巧,是数十年前美国的消费者协会发明的拒绝方法。当时,他们为了保护消费大众的权益,不让消费者在无法拒绝的情况下勉强购买商品,于是想出许多对付强迫推销或纠缠推销的方法,教导消费者如何应付销售员的顽强推销手法,而"好的,可是……"便是他们推荐的非常有效的招数之一。

不过,在使用这个拒绝技巧时,必须要注意自己的态度。一旦你有轻蔑对方的心态时,就会容易招致对方的不悦,最后反而会得到反效果。

某次开会时,小美和上司出现意见相左的情形,但她并没有急着与上司展开争论,反而平静地对经理说:"嗯,经理你的说法很有道理,我完全认同,但问题是,如果我们照你的方法做的话,我担心会无法

百分之百达到上层的期待。如果经理允许我表达我的看法的话……"她以柔软态度表达反对意见的方式，轻易就得到了上司的认同。

👍 不伤感情的说"不"法

逛街买东西的时候，你会经常听到销售员以下这些话术：

"怎么样，真的很不错吧？要不要买下来呢？"

"你闻闻看味道……非常香吧！"

"你试吃看看……味道不比大饭店的差吧？"

"这条裤子简直就是为你量身定做的，实在太合身、太好看了！"

当遇到这些状况时，如果你一开始便断然回答"不"，对方往往会更加认真、更加用力地向你推销。这个时候，如果你完全无意购买对方的产品，就可以使用"好的，可是……"的方法拒绝对方。也就是先以"好的"来肯定他所推销的产品，然后再以"可是"的理由来推翻前面的说辞，这样一来，对方也就没有意愿继续缠着你不放了。

♡ 这样做，对方会觉得被奉承

想拒绝热情或纠缠不休的说服者或请托者时，要先说"好"，肯定对方的说辞，让对方以为你已被他成功说服了，然后在交涉了一会儿后再对他说"可是"，来否定你先前说的"好"。

其实，任何身份地位的人都一样，听到"好"比听到"可是"的心情会好很多。因此，为了要顺利地说"可是"，就应该先说"好"，来让对方安心，同时也建立起彼此的"感情联结"。一旦两人的"感情联结"形成，即使对他说"不"，也不容易伤害彼此的感情。

34 不断地说"怎么办",为自己设下防护罩

熟悉"不伤和气拒绝术"的人,都知道"怎么办?""糟糕了!""可惜了!"这几句话的妙用。当他们想要拒绝人们的请托时,便会把这几句话挂在嘴边,有如跳帧似的反复说上好几次。

在重复说"怎么办?""糟糕了!""可惜了!"时,他们表面上看起来似乎是在告诉对方:"我当然很想答应你,帮你解决困难。"但对方在细想之后就会明白,他们真正的意思其实是在说:"我实在没有能力帮上你,希望你能想到其他的解决办法。"

当请托者听到你反复地说"怎么办?""糟糕了!""可惜了!"时,他们通常会把这几句话解读为"看来他是无能为力",因此也只能无奈地说"好吧!那我改天再拜访你吧!",然后收回想要请托的事情。

有些请托者在听到你跳帧似的说"怎么办",但

第 3 章 "奉承式"拒绝法,取得对方认同

却没有说明原因为何时,会自责地认为,因为他无法先帮你排除某些障碍,使得你无法出手帮他,所以一切都是他不对,并不是你的错。

👍 不伤感情的说"不"法

有位以精湛演艺著称的女演员,非常懂得利用"怎么办?""糟糕了!""可惜了!"的拒绝技巧,来维持她在影坛"一姐"的形象与地位。这位优秀的女演员戏约从来没有断过,有很多大导演、大制片都想争取与她合作的机会,各种角色类型的剧本不停送到她的手上。她为了不想得罪任何一个导演或制片,也不愿给他们留下她"耍大牌"的印象而断了未来可能合作的机会,当她接到导演或制作人来电询问演出的意愿时,她就会不断地用"怎么办?""糟糕了!""可惜了!"来回答。例如:

"那个故事实在太有趣了,真是糟糕!"

"这个角色很有挑战性,是我一直想要演的角色,这可怎么办才好?"

"你说和我演对手戏的是×××吗?天啊,我多么期待能和他演戏!真是的,这该怎么办才好呢?"

"你是说×××大导演指名我演那个角色吗?可是,噢,这实在太可惜了!"

这位女明星在拒绝人时的演技,和银幕上的演技比起来丝毫不逊色。

♡ 这样做,对方会觉得被奉承

"怎么办?""糟糕了!""可惜了!"等词语,就像一道坚固的防护罩,在你的四周建立起一道心理防线,而随着你在每一次的交谈中,不断地反复说这几句话时,这道心理防线就会更为坚固,最后逼得对方不得不放弃对你的请托。

35 闪烁言辞，将结论带往反方向

西方国家某些政治人物对选民做承诺时总是说模棱两可的话，回答问题时言辞又含糊又闪烁，这就是他们的话术。他们不会断然拒绝民众的请托，除了害怕会因此失去选票之外，也害怕一旦拒绝请托而得罪了选民，在口耳相传之下，让选民认为"拜托某一位政治人物做事，向来都没用"。对此，他们会选择一套模凌两可的说辞，似是而非，让民众摸不着头脑。

此外，他们还有一种拒绝请托或闪避问题的招数，就是花很长的时间去解释他拒绝的原因，借此分散对方的注意力，达到模糊焦点的目的。例如，当有民众拜托某政治人物帮忙时，他会引述某个与受托问题有关的历史故事来拒绝对方，但对方听完故事后，却搞不清楚他是说"好"或"不"，最后只好作罢。

👍 不伤感情的说"不"法

已故日本首相佐藤荣作,当被质询到是否在琉球研发核武器时,他不明确回答"日本绝对不可能发展核武器",他的说法是:"你说有就有,你说没有就没有。"此类模棱两可的语句还包括:·"是的,你所说的我已经记下来了。"

"关于这个问题,我们会积极地检讨。"

"我们一定会妥善处理这个问题。"

"正在慎重的考虑中。"

"我已经交代我的助理去处理了。"

"你的意见我会考虑的。"

他们解释问题的方法和角度会因人而不同,但相同的是,他们的言辞越是含糊、模棱两可,就越是表示"不"的意思。例如,当他说"你的意见我会考虑"时,他真正的意思是"我不知道什么时候才会考虑"或"我根本不会考虑"。这种含糊其词的回答,目的只是为了化解当下困境,事后就不再理会了。

这些不确定性的回答方式,在上述情景中尽管有其不妥之处，但如果用于生活、职场上，倒也无可厚非。当你要拒绝人们的请托时，套用一下这些话，保证能够收到不错的效果。

♡ 这样做，对方会觉得被奉承

含糊、闪烁其词、模棱两可的话的绝妙之处，就在于它们会依不同的人被赋予不同的解释，最后把结论带到反方向。通常，被请托者的含糊言辞当然是表示"不"，但请托者有时会将它解释成"好"。当这种情况发生时，被请托者就可以逃避责任地说："我从来就没有说过'好'这句话。"

36 不知如何拒绝时，就偶尔喃喃自语

有时候，当你实在不知道如何开口对请托者说"不"时，就可以利用"偶尔喃喃自语拒绝法"为自己解套。当然，你喃喃自语的内容必须与主题无关，这样才能够制造出"抽离时空"的感觉。这种突然抽离现实的自言自语的举动，会在对方的心里制造不安全感与不确定感，感觉到他与你之间有一道无法跨越的屏障，最后他只能无奈地收回对你的请求。

例如，经常独自一人玩游戏的孩子，也常会出现喃喃自语的情形。这个时候如果你和他说话，他不会理你或抬头看你一眼，因为他正沉浸在与另一个假想朋友的对话中，不喜欢被打扰。这种喃喃自语的行为，很容易造成旁人对他产生无法理解的距离感与陌生感，并因此自然而然地和他保持距离。这就是年幼孩童对旁人说"不"的最自然的方式，当然也是大人

第3章 "奉承式"拒绝法，取得对方认同

拒绝别人请托的一个好方法。

又如，有位厨具销售人员，在面对咄咄逼人的杀价而被逼到无法招架时，突然将目光望向他处，并且低声喃喃说道："听说美国要发动战争攻打伊拉克，这下子可好了，石油一定会大涨，看来石油公司又要大赚一笔了！"他如此抽离现实的举动令消费者一时之间不知道该如何反应，忍不住开始怀疑他对产品介绍的可信度，最后干脆就不买了。

👍 不伤感情的说"不"法

从事业务工作的小奇，便经常会使用这一招为自己解套。当朋友过于频繁地邀他聚餐喝酒时，他便会在聊天的过程中，突然喃喃自语地说话，例如："上星期在公司忙到凌晨才回家，老婆到现在都还在和我冷战，不知道她什么时候才会消气。"

"气象局说中度台风可能会登陆，唉，到时候菜价又要涨翻天了。"

"我的宝贝儿子后天要参加学校的自行车比赛，

我到现在都还没有时间去帮他选购车子,不知道来不来得及。"

结果,他那些兴致勃勃的朋友突然皱起眉头,用一脸不解又陌生的表情看着他,然后对他说:"我看改天好了!"

♡ 这样做,对方会觉得被奉承

在与请托者交谈的过程中偶尔喃喃自语,就好像在眼睛看不到的地方预先筑起了一道隐形墙壁一样,绝对会让对方陷入不安的情绪,不确定你所说的话有几分是认真的,你所承诺的事情是否真的能够做到。因此,他很自然地会退后一步看待你,并开始怀疑自己是否请托对了人。直到最后,他才发现自己陷入了你"喃喃自语"的拒绝圈套中。

第3章 "奉承式"拒绝法，取得对方认同

37 渐次转移主题焦点，让对方摸不着头绪

当请托者一切入主题时，就被你用"烟雾"效果给瞒骗过去，这种方法称为"主题转移法"，也就是所谓"烟雾法"。这种拒绝法常会令对方如堕五里雾中。另一个与"主题转移法"有异曲同工之妙的，是"把问题逐步抽象化法"，这两个方法都能制造"烟雾"效果，让对方在不知不觉中被你拒绝。

当你想拒绝对方，但不想费时解释原因或找不到有说服力的理由时，就可以引用此方法，不停地转移对方的主题，并逐步将主题抽象化，让对方茫然无措。

在美国，有些大型超市在处理消费者抗议事件时，就经常会使用这种方法来化解危机。当接到消费者对商品的质量或价格提出的申诉时，负责人就会使用一般人十分陌生的营业术语，向消费者恳切地说明，借由逐步提高专业术语的"抽象程度"，让顾客如堕五

里雾中,最后成功地得出"超市没有错"的结论。

👍 不伤感情的说"不"法

桂芳已到适婚年龄,她的父母经常拜托亲友为她介绍对象,但她却还想要多享受几年单身生活。在亲友介绍的对象中,有一位男士很喜欢她,对她提出以结婚为前提的交往要求,但遭到桂芳拒绝。

桂芳的拒绝方式是,将"结婚"的具体问题,故意用抽象化的方式逐步转移主题,将主题牵引到超越"结婚"的程度。

桂芳:"我很高兴你想要和我结婚,但我认为这种事情最好不要太冲动。"

男士:"不,我是认真思考过才提出这个要求的。我很冷静!"

桂芳:"我不是这个意思,我只是想和你慢慢讨论关于我们结婚的问题。"

男士:"当然,这没有问题啊!"

桂芳:"我们到底为了什么结婚?"

男士:"当然为了拥有快乐圆满的人生啊!"

桂芳:"你不快乐吗?你对快乐的定义是什么?"

男士:"这个嘛……"

桂芳一步步地转移主题,将对方引诱到抽象的世界里,使得两人的交谈完全脱离"结婚"主题。最后,对方因感觉桂芳根本无意和他交往而放弃。

♡ 这样做,对方会觉得被奉承

有位著名的意义论学者,就曾经利用"抽象阶梯"的原理,把"贝西的牛"抽象到"母牛",然后再进一步地抽象到"哺乳类"。

这就是利用逻辑上的链接性,把主题的范围扩大并扩散,借此方式渐次转移、模糊主题焦点,使得对方如堕五里雾中,直到最后才意识到,这种刻意离题的手法其实是在对他说"不"。

38 用夸张语气说"是",传达拒绝之意

欧美人士很擅于赞美,经常会把"你很聪明"挂在嘴边。但是,当他们刻意地以夸张或强调的语气说"你非常聪明"时,通常会惹得对方面露不悦,因为这句夸张的赞美词的真正意思是"你其实没有外表看起来那样聪明",暗藏着揶揄、讽刺之意,更残忍地说就是"你是个笨蛋"的意思。当任何事情被以过度夸张或刻意强调的语气来表现时,它们所真正要传达的意思,其实大多都与原意相反。

👍 不伤感情的说"不"法

在第二次世界大战爆发之前,英国的某位政治家对于德国纳粹军队与日俱增的压迫感到忧心忡忡,所以焦虑地对当时的首相丘吉尔说:"现在的情势令人

第3章 "奉承式"拒绝法,取得对方认同

感到十分绝望,你说是不是呢?"

丘吉尔向来以好胜闻名,他知道如果毫不犹豫地回答:"不会!",必定无法排除对方内心的担忧,所以他这样回答:"这是言语无法表达的'绝望',所以我感到似乎年轻了二十岁。"

丘吉尔将对方所说的"绝望",用"无法用言语表达"的夸大说法加以形容,来传达他"完全不感到绝望"的观点。想说"不"时,这种拒绝技巧确实可以发挥很大的威力。对于对方的要求,使用刻意夸张的语气说"是",可以让对方清楚地意识到,自己的要求已遭到否定了。

♡ 这样做,对方会觉得被奉承

有些请托者为了达到目的,会极尽可能地去阿谀奉承被请托者。例如,有位知名励志作家经常受邀演讲,各邀请单位都知道只要透过电话联络邀请即可,但却经常有人带着贵重的礼物上门邀请,并对作者说:"我感觉和你非常熟悉,因为每次看到你在电视上分

享人生故事时,都会觉得你的观点正确、观察敏锐、分析深入、知识渊博,我真不知道该怎么形容,才能表达我对你的敬佩之意。"

像这种刻意逢迎拍马的语言,反而越发令人反感。其实,回应这种请托者的最好方法,就是以其人之道还治其人之身。这样的回应方式通常会令大多数请托者哑口无言,并发现自己被巧妙拒绝了。

一如那位励志作家,他对刻意奉承的请托者说:"你的热情实在太让我感动了,也谢谢你对我这么肯定。既然你都这么说了,我一定会去演讲,即使远在几千里几万里远,甚至是外层空间那么远,我也会赴汤蹈火在所不辞。"

第二部

不用开口说"不"，也能保护自己

第 4 章

"肢体语言"拒绝法,零压力说"不"

第4章 "肢体语言"拒绝法，零压力说"不"

一般而言，为了让请托者自然地接受你说"不"，在你开口和对方交涉之前，其实你早就在心里多次演练了。尤其，如果你是个善用肢体语言的人，很多时候你不必开口说一句话，只需透过动作，便能在不伤害彼此感情的前提下，让对方察觉你的拒绝态度，进而放弃对你的请求，或者使对方的进攻钝化。

例如，在拥挤的公交车上，你凑巧和年轻异性紧靠在一起无法动弹。这时如果你急着解释说自己完全没有邪念，反而显得欲盖弥彰。其实，一个自律又有道德感的男性，就算没有开口解释，也一定会透过肢体语言的传达，例如扭动颈部看向不同的方向、闭上眼睛打盹，或者专注看车厢广告，透过这些举动向对方沉默地传达"我没有邪念"，以避免对方误认为你心怀不轨。

面对请托时也是如此。如果你不想接受对方请托的事情时，可以在一开始时就选择不要与对方眼神交流，假装你正忙着做其他事情，无法分心和他说话，借此表达你正在沉默地说"不"，让对方意识到被拒绝，并默默放弃进一步说服你。

39 假装身体不适，阻断对方说服

假装身体不适的动作有很多，例如双手压眼窝、手指压揉太阳穴、双手抱肚子、不停地打喷嚏、不停地捏揉捶打双肩与后颈……这些肢体动作，都可以传递出身体不适的讯号。

肢体语言专家指出，对请托者做出这些身体不适的动作，意思就是否定对方的请求。因此，当你想要拒绝他人却又不好意思开口说"不"时，就可以刻意做出身体疲累、倦怠或不适的动作。譬如，不停地转动颈部，按压、捶打后颈，抓揉肩，轻压太阳穴，双掌盖住眼睛并轻压，透过这一连串的动作暗示对方，你很想解除倦怠、疲累与身体不适，同时也是在传达另一层更重要的意思："你所说的话造成我心理上的倦怠感，所以还是快点结束吧。"

尤其，如果你想要表现得更有说服力的话，可以一边做出上述身体疲累、不适的动作，一边不停地向对方说"对不起"，示意对方"我真的很想听你说话，可是我的身体已经不听指挥了，感觉越来越不舒服"。通常，对方在看到你这一连串的动作之后，会觉得自己打扰你了，因此会毫不抗拒地快速结束谈话。

👍 这个动作，你也会

丽娟的丈夫是个工作狂，几乎每天都工作到深夜才回到家，把照顾一家老小的工作全丢给妻子。丽娟一直希望丈夫可以减少工作时间，多一些时间在家并帮忙分担一些家务，但总是得不到丈夫的正面回应。丽娟不愿再继续忍受下去，便坚决地向丈夫表达分居的决定，没想到丈夫却指责她变心了，并企图要求复合，只是丽娟早已对他心灰意冷。

丽娟对于两人的关系会走到这一步也感到遗憾，不忍心用过于冷淡的言辞要求丈夫离开。所以，每当丈夫说服她打消分居的念头时，她便会一直闭着双眼、轻皱眉头，并用手指揉着太阳穴。丈夫看见这种情形，

第4章 "肢体语言"拒绝法，零压力说"不"

立刻闭嘴不再往下说。她一见此状，马上对他说："没关系的，我不要紧。"当丈夫又继续往下说时，她又重复刚刚的动作。如此循环几次后，她的丈夫就停止说服的动作了。

丽娟充分运用肢体语言，意味深长地对丈夫表示"不"。她没有开口说出"不"字，但她的丈夫最后还是乖乖地离开了。

♡ 沉默说"不"的技巧

一个简单的肢体动作，就能传达出坚定的、具有决定性的答案。当你想说"不"以阻断对方的谈话，却又不好意思开口拒绝时，就利用生理上的疲劳、倦怠及不适这类肢体语言来为你传达讯息。不论在任何场合或情况下，利用"装出身体不适的模样"的技巧来说"不"，永远都不会失败。

40 故作沉默思考的举动，传达无言的"不"

在与人对话的过程中，"沉默"是传达多种讯息的重要技巧。沉默可以分为三种类型，包括思考性的沉默、等待对方发言的沉默，以及休息时的沉默。其中，人们在表达拒绝之意时，最常使用的就是思考性沉默。在与人交涉的过程中出现这类举动时，它通常是在向对方表示"我正在考虑如何开口向你说'不'"。

想要让这个无言的"不"发挥最大效果，最重要的关键就在于场合。这个场合必须是你和对方能够专注、恳切交谈的场所。

在对方发言的过程中，当你以沉默思考的举动回应，会令对方的心里开始产生不安的感觉，不确定你是否听得懂他所要表达的意思，为此，他会努力地传达更多新的情报给你。当他发现你依然一语不发、不作任何反应，只是专注、恳切地聆听时，他会继续对你传达更多讯息,期望你能明白他在说些什么。如此反复几次之后,你的沉默会令对方越来越感到压力沉重,并猜想你应该是在思考如何拒绝他,所以才一直保持沉默。

👍 这个动作,你也会

有位十分受欢迎的职场指导专家,提到了他某次受邀演讲过程中所经历的尴尬经验,那是一种"感觉被听众拒绝"的经验。

在演讲结束后,他照例询问台下的听众"有没有什么问题要问"。在他以往的演讲经验中,台下的听众总是踊跃发言,但是那一次,他觉得等待听众回应的短短几分钟,就如几个世纪那么漫长。没有一个人提出问题,全场静悄悄的,令站在讲台上的他感到非常尴尬。他注意到在演讲过程中有好几位听众很认真地做笔记,但他们竟然也都没有提问,仿佛认为他的演讲内容没有什么值得一提的地方。听众如此冷漠无言的回馈令他产生极大的挫败感。

虽然听众没有明确对他演讲的内容表达"不",但他却从这种"无言的'不'"中,清楚地感受到自己被拒绝了。

♡ 沉默说"不"的技巧

想要拒绝他人的请托时,绝对不要插嘴打断对方说话,而要从头到尾都表现出高度兴趣、专注倾听且谨慎思考的模样。你的专注、沉默、思考的态度,会让对方忍不住猜测,你究竟是在思考他所说的话,还是正在想着要找什么有力的借口来反驳并拒绝他。他会因为无法捉摸你的想法而感到心里忐忑不安,最后他就会逐渐放弃对你的期待。

41 维持面无表情,以切断感情联结

有些人在与人谈论事情时,从头到尾都保持面无表情,让人无法从他的脸上观察出任何情绪变化,就算对方以感性的言辞说服他,或以尖锐的言辞攻击他,他的表情仍旧毫无改变,也猜不透他心里在想些什么,或对谈论的事情有何看法。

这种与人交谈时一直维持面无表情的态度,目的究竟为何呢?最主要的目的是避免与对方建立感情联结。根据专家的说法,感情联结的建立可分成三个阶段:

第一阶段:眼、耳、鼻等感觉器官的刺激,也就是肢体语言的刺激,借由这种刺激而让对方留下印象。在这个阶段里,人们通常会努力地让对方对自己留下好的第一印象。

第二阶段:当对方对我们有了认知后,再透过言语来刺激对方的感情,让他来判断我们是不是有趣、

有想法的人,以及和他是否能投缘。

第三阶段:经过第一、第二阶段刺激,下定决心想和对方继续来往的人,才会采取具体的行动。

这套建立感情联结的方法,正好也是最佳的拒绝法。也就是说,如果你想要拒绝人们的请托或要求的话,就要切断对方与你建立感情联结的机会,而且必须在第一个阶段就表现出拒绝的肢体动作,让对方意识到你的冷淡态度。而"面无表情"这个举动,就是切断感情联结的最有效利器。

👍 这个动作,你也会

"那个女孩不但长得漂亮,工作能力更令人赞赏,应该是很多男人心目中理想的结婚对象。只不过,她与人互动时总是一脸严肃,我想任何想要追求她的男人,应该都会感到压力很大吧。"

"我们的部门经理是一个很棒的人,但他不笑的时候,看起来真的又严肃又凶恶,开会的时候尤其如此。在所有会议中,我们都不曾看见他露出过笑容,他常常让我们感到十分害怕，不知道他是不是觉得我们的工作表现不够好。"

"他这个人的个性就是一板一眼，无论在什么场合或和什么人在一起，他永远都只有一种表情，因此始终给人一种冷漠、难以亲近的印象。"

这些令人感到没有温度、没有人情味的特征，也许正是他们的本性，但是这些特质也正好是他们用来拒绝别人时的最好利器。这些特质可以成为他们心理防卫的面具，当他们戴上这张严肃的面具时，对方就找不到机会或隙缝说服，自然也就没有办法说出想要请托的事情。

♡ 沉默说"不"的技巧

"脸"是人们最容易传达感情的部位。当你与人交谈的过程中，若是从头到尾都维持面无表情的话，对方就会因为无法猜透你的心思，而打消了想要与你建立情感联结的意图。

42 不能让步时，倾斜身体注视对方

众所周知，人与人之间的沟通并不限于口语表达，肢体动作也是非常重要的沟通工具，而且一个简单的动作或姿势，往往胜过长串的口语解释。也就是说，在与人沟通时，除了口语之外，我们还会从对方的肢体动作来读解他的意思。

在所有的肢体语言中，"斜着身体"的姿势，是极能坚定表达"不"的工具。所谓"斜着身体"，顾名思义就是和对方站在相对的方向，身体往左方或右方偏斜，呈现一种不对称的姿势。这不只是单纯的姿势而已，而是一种极具含意的肢体语言。

斜着身体的姿势具有侵略、攻击、挑衅、质疑、不信任的含意，而当你用这种姿态面对一个人时，会让对方产生焦躁、不安感。当你想要更进一步强化"不"的效果时，除了"斜着身体"之外，你可以同时"注

第4章 "肢体语言"拒绝法,零压力说"不"

视着对方的眼睛"。这种肢体语言会让对方感到自己被逼到死角,无处可逃,只好迅速收回对你的请托。

👍 这个动作,你也会

在美国著名的系列剧《神探科伦坡》里,科伦坡办案时总会出现许多令观众津津乐道的招牌肢体动作,包括:

1. 他喜欢在问案时岔开话题,聊一些与案情看似无关的事情;

2. 他走起路来跌跌撞撞,给人一种不专业又笨拙的感觉;

3. 他讲话口齿不清,使得凶嫌丝毫不觉得有威胁感或侵略感;

4. 他总是装弱、装傻,让凶嫌对他毫无戒心;

5. 他经常将手插入风衣口袋,起步走开又停下来,然后斜着身体回头四处看看,手再按着头思考一会儿。

由于他的这些肢体动作传递出一种"没有进入状况"的形象,大大降低了凶嫌的戒心。但是每当他做出上述最后一个复杂的连续动作——从将手插入口袋，欲走还留，斜着身体回头注视对方，最后以手按头思考了起来——总能让凶嫌心虚地以为自己的谎言已被识破，最后只能卸下心防，坦承一切罪行。

科伦坡迫使凶嫌说出"是"的关键动作，就是"斜着身体并回头看对方"的姿势。这一连串姿势不只适用于侦办案情，也是很有效的拒绝技巧。当你要坚决拒绝人们的请托或要求时，也可以仿效"斜着身体回头看对方"这个动作，向对方传达坚定的"不"。

♡ 沉默说"不"的技巧

当面对无法让步的交涉时，你就采取"斜着身体"的姿势，给对方制造强烈的心理压力，传达你的拒绝态度。若是你想强化你坚定的拒绝态度，那么除了"斜着身体"之外，再加上"注视对方的眼睛"的动作，势必会令对方很快放弃请求。

43 不停地变换姿势，扰乱对方的判断

根据美国精神医学学者艾伯特博士的研究显示，当一个人反复交替使用"轻松和严肃的姿势"，也就是"没有逻辑的肢体语言"时，对方为了想要解读你的肢体行为到底要表达些什么，以致心智陷入混乱状况，并因无法判断你的想法，最后丧失了说服你的机会。

想要更清楚地掌握这些肢体动作的效果，你只需看电视新闻中的质询画面就可明白了。若你仔细观察那些被质询者的身体姿势，就不难发现他们的肢体语言都是刻意设计出来的。他们有时候会靠着椅背，摆出一副轻松优哉的样子；一会后又拉直背脊、坐挺身子，露出严肃的神情。

那些被质询者只需要透过一连串没有逻辑可循的肢体动作，就可以让他们面对一些必须答辩的问题时，得以闪烁其词、顾左右而言他，使得质询者根本无法

听到真实的答案。总之，不论他们是与生俱来就懂得利用这些肢体动作，或者是后来在生活中学会的动作，这些肢体语言都成了他们应付对方鸡蛋里挑骨头式质询的有效武器。

👍 这个动作，你也会

想要对人说"不"但又不想开口时，就利用"没有逻辑的肢体语言"来帮你传达拒绝之意吧。你可以先采取轻松的姿势，例如把手交叉抱着后颈，并舒服地向后靠在椅背上，甚至双脚高放在桌子上；过了一会儿后，改变另一种姿势，例如挺直背脊、坐直身体，并以严肃、认真的姿势聆听对方说话。或者，你也可以采用先严肃后轻松的态度。

一开始，当你摆出放松姿势时，会让对方觉得你对他毫无防备，应该可以很容易说服你，并觉得能与你很快建立起心理联结；随后，当你换成认真又严肃的姿势时，又会让他觉得你极度在意他所说的内容，他的心理压力会因此而越来越沉重，原先觉得已经建

第4章 "肢体语言"拒绝法,零压力说"不"

立起来的心理联结因此被切断。

当看到你不停地变换姿势,态度一下子轻松、一下子严肃时,对方的心里便会不由自主地慌张起来,只好中断持续在说明的主题,最后因根本无法集中焦点,便自动放弃。

♡ 沉默说"不"的技巧

当你一开始就以轻松的肢体语言回应对方时,就表示你已经站在优势地位,事情的起承转合将会完全掌握在你的手中。接着,你要有节奏地不停变换姿势,并随着你每一次的出招,更加扰乱对方的判断,让对方完全失去反击的力道,最后你就能轻松地表达出你的"不"了。

44 利用不经意的举动，表示你根本不在乎

搭乘公共交通工具时，你若是仔细观察车厢座位上的每一位乘客，就不难发现每个人的坐姿都不一样，脸上的表情也不同，而且肢体动作更是多种多样。有些人跷着二郎腿，有些人双手抱在胸前，有些人双手放在膝盖上，有些人低头玩手机，有些人在看书，有些人闭眼聆听耳机里传来的音乐，有些年轻女性对着小小的镜子补妆或涂口红。

精神医学博士谢夫连先生表示，人与人接触时，平均约二十分钟就会改变 2 ~ 4 次肢体姿势，而这些肢体动作都代表着不同的内在想法。一个人的心里在想什么，通常可以透过他的肢体动作或姿势解读出来。

例如，当心中有不安的感觉时，许多人为了要保护自己，往往会双手抱在胸前或是跷起二郎腿，借此传达拒绝之意；或者，当心中有不满的感觉时，他们

会不经意地抚摸自己的脸或其他部位。这些肢体动作或姿势都传递着不同的情绪，但是不论这些肢体动作所要传达的是何种情绪，目的其实都一样，都是为了让情绪得到平衡。

👍 这个动作，你也会

每次开项目企划报告会议时，贝拉只要仔细观察上司的肢体动作，就会知道自己的企划案是否可以顺利过关。通常，在会议一开始的时候，她的主管会舒适地靠在椅背上，专心倾听她的报告内容。如果他在报告中途突然坐直身体，并且时而双手抱胸、时而跷起二郎腿，两个动作不停交换时，贝拉就知道上司对她的提案有不同的看法，企划案需要做局部的修改；若是上司偶尔皱起眉头，甚至拿起笔在记事本上写字时，她就知道上司会大幅度地修改自己的提案。

同理可推，当有人请你帮忙，但你无意对他伸出援手时，你就可以仿效这位上司的回应模式，在对方开始说话没多久后，就跷起二郎腿，利用这个举动传递出的拒绝讯息，让对方感觉难以继续往下说；如果对方仍不放弃说服你的企图，你便在倾听的过程中，不停地改变姿势，如此就能更明确地传达你的拒绝之意。在谈话中，如果你还做出"不时地把视线从对方身上移开"的动作的话，对方就会明白他该结束谈话了。

♡ 沉默说"不"的技巧

要阻挡他人时，人们会很自然地双手抱胸站在他前面；而当面对能力无法实现或没有意愿去做的请托时，人们也一样会很自然地双手抱胸，并低头思考。

双手抱胸或跷二郎腿都是无意识或不经意的动作，透出你对事情完全不在乎的态度，但当你刻意在对方面前表现出来时，它就能帮助你无言地拒绝对方。

45 站在对方视线外说"不"，可减轻压力

心理学家的调查结果显示，当人们在自然的状态下谈话时，他们都会互相凝视对方，但实际上这种视线交会的时间很短暂，每次不超过一秒钟。

另外一项调查研究也揭示了一个有趣的现象：当几个人交谈时，在什么样的距离之下，会让彼此的心里产生不安的感觉？若按照不安情绪的轻重程度排列，由轻到重依序是：站在人群最后面的人，最能保持安静稳定；其次是戴着墨镜的人；第三是站在距离较远地方的人；第四是普通人；第五是戴着口罩的人，这类人的内心不安最为强烈。

从这个有趣的现象可以衍生出，当我们被人看见或与对方的距离越靠近时，就越会流露出不安的眼神。例如，站在人群最后面的人，因为自己的举动、姿势以及眼睛不易被人们看到，所以情绪才能够处于最安

定的状态；至于戴口罩的人，则是因为除了眼睛之外，其余的部分全都被口罩盖住了，使得眼睛特别突显，而正因为被看到的只有眼睛部位，所以会强烈地感到不安。

👍 这个动作，你也会

当我们独自一人到餐厅用餐时，偶尔会在无意间与邻座的客人视线相遇，这个时候我们会因为感到不自在而迅速移开视线。此外，我们也常常会发现：有些人私底下与人交谈时，总是能够口若悬河、辩才无碍；一旦要他在大庭广众下开口说话时，他就会变得结结巴巴。这种站在大众面前面对着人们投射过来的目光时，会感到心理不安的现象，就是心理学上所谓的"舞台恐惧"。

克服这种"舞台恐惧"最好的方法，就是"站在对方的视线之外"说话，如此便能帮助你排除心理压力。由此可见，当你想要拒绝别人，但又难以开口向对方说"不"时，便可以利用转身、低头泡茶或端茶给对方等动作，趁着离开他的视线之际，对他说："对于你刚才所提的那个问题，我目前恐怕……"如此你就比较能轻易地说出"不"。

♡ 沉默说"不"的技巧

当你想拒绝他人的喝酒邀约，但实在无法当面开口说"不"时，你可以假装要去拿东西，起身绕过对方，走到他的身后，然后轻松、自然地轻轻拍一拍他的肩膀，说："不好意思，今天可能要说抱歉了，我真的没办法！"

"站在对方视线之外说'不'"，这个拒绝法能帮助你减轻说"不"时的心理压力，让你可以用比较自在且轻松的口气说出拒绝的话，也不会造成彼此心里的疙瘩，影响了情谊。

46 避开对方的积极眼神，就可断开其要求

一般而言，"眼神交流"的目的是为了传达感情、建立彼此的心理联结，然后拉近彼此的关系。例如，欧美人士很习惯以"眨眼睛"这个眼神交流的动作，对人表示问候之意或对人表示好感；但是在东方社会，眼神交流反而是一种消极且被动的举动，甚至有很多人认为，视线交流暗示着不友善或攻击性，因此当两个东方人目光相遇时，双方都会自然地避开对方的视线。

由此可见，"避开对方的积极视线"是一个极有效的拒绝法。当请托者想要对你提出要求时，会积极地寻求与你视线相遇的机会，将他的讯息透过眼神传送到你脑海里。如果在这个过程中，你专心倾听又凝视着对方的眼睛，最后你可能会被他所说服，勉为其难地答应对方。相反的，当你要拒绝对方的请托时，只要避免与对方的视线有所交流，便能顺利地说"不"。

第 4 章 "肢体语言"拒绝法,零压力说"不"

👍 这个动作,你也会

有位拥有二十几年工作经验的资深记者表示,在他的采访经验中,最难采访的人,并不是那些口才不佳,面对记者提出的任何问题只会用"是"或"不"来回答的人,而是那些完全逃避与他视线交流的人。每次,他采访到这种受访者时,还没有问上几句,就会因为对方的"拒绝眼神交流"而感到困惑,再也无法继续问下去。

可见,当你想要对方接受你的"不"时,就可以利用"拒绝眼神交流"这个令人难以应付的肢体语言。当你避开了对方投来的积极且热情的目光时,你同时也拒绝对方的要求了。

当然,在与人交谈时,不论你多么努力避开对方的视线,偶尔还是难逃两人四目相接。此时,如果你迅速移开视线,适时地打断对方进攻的意图,他就难以再继续说服你。例如你可以假借倒酒、倒茶、喝茶、吃菜,或是环顾四周等方式,将自己的视线和对方错开,对方自然会知道你的暗示,进而打消请托的念头。

♡ 沉默说"不"的技巧

与人"眼神交流"通常意味着乐于建立关系;相反的,"拒绝眼神交流"能够向对方表露你消极的、否定的、拒绝的态度。因此,当你不好意思开口向对方说"不"时,不妨就利用这个方法来帮你传达拒绝的心意吧。

47 交谈时，避免露出迟疑不决的举动

在许多不同的场合里，我们经常会看到有些人在与人交涉的过程中，会不自觉地出现摸头发、托腮、折手指关节、双手互相摩擦、快速转笔等等，泄露心理怯懦或举棋不定的动作。在专家的眼里，这些反射性肢体动作通常被解读为情绪紧张、不知所措。

从心理学的角度解释，当一个人在与他人互动时，经常出现接触自己的身体某些部位的举动，这其实是一种"自我安慰"的行为，因为这个人缺乏自信，不敢或没有勇气开口向人们说"不"，所以才会不自觉地触摸自己的身体，借此让自己的情绪可以得到某种平衡。

因此，当你遇到必须对请托者说"不"的场合时，请务必切记要尽量避免做出这类泄露自己怯懦心态的无意识的动作，因为这些不知所措的反射举动，无疑

是在自暴弱点，告诉对方"我其实是一个很容易被说服的人"，而这正好给了对方轻易说服你的机会。

👍 这个动作，你也会

当你遇到某位推销人员不断纠缠，强力地向你推销产品时，不论你多么毅然地、不为所动地说"不"，也不管你的眼神如何坚定、锐利地看着对方，对方只要观察你所表现出来的肢体动作，就能立刻判断出你在说"不"的时候，内心是否挣扎，是否有不忍拒绝的迟疑。对他而言，一旦他观察发现你有所挣扎或迟疑时，你那坚决的"不"与坚定的拒绝眼神，不过就是一种自我防卫，正好泄露了你的心理怯弱，这时他便会抓住这难得的机会说服你。

希特勒就是这种拒绝法的最佳代表人物。他在演讲的时候，一定维持着直立不动的姿态，绝对不会做出任何令人们解释为懦弱、迟疑、没有自信的肢体动作，以免让听众看穿他内心的迟疑，而失去他强大的说服力。

第 4 章 "肢体语言"拒绝法,零压力说"不"

♡ 沉默说"不"的技巧

不论你是请托者或被请托者,当你在与对方交涉的时候,都不可以做出不经意地、无意识地或反射性地触摸自己的身体的举动,以免主动泄露出你内心的怯弱与没有自信。一旦对方看穿了你那些毫无自信、退缩又怯弱的肢体动作时,他便会更积极、热情且纠缠不休地说服你,把你逼到无路可退的境地,不等到你说"是"绝不罢休。

当你难以开口对请托者说"不"的时候,先检视一下自己,是否下意识地出现不自觉的肢体动作吧。

48 保持距离，避免因身体接触而被说服

根据研究显示，在与人互动之际，当我们的身体被对方接触时，内心的自我防卫感与抗拒感都会随之减弱，而且会不知不觉地与对方产生一体感。这种心理现象是受到所谓"印刻"的影响，是人类的天性使然。

动物行为学者罗兰兹曾在其著作中对"印刻"做了这样的解释。他说，有一只刚孵化出来的小鸡，在一孵化后便将在一旁照顾它的罗兰兹视为它的母亲，认定他会终生呵护它。这就是所谓的"印刻"。这种效应可能会发生在出生前，也可能在出生后。

学术研究指出，人类在母体内时就已经获得了这种"印刻"，是母亲在怀胎期间抚摸自己的腹部而产生的。可见，我们在胎儿时期，就已经把这种因身体接触所感受到的舒适安全烙印在脑海中，而且终生都被这种"印刻"强有力地支配着。

第 4 章 "肢体语言"拒绝法,零压力说"不"

由于我们的身体和别人有所接触时,会不知不觉地与对方产生一体感,因此当我们要拒绝别人时,为了不让自己因被接触而被说服,就可以采取这种"身体距离拒绝法",刻意与对方保持距离,避免让他接触到我们的身体。

👍 这个动作,你也会

某位顶尖汽车销售员表示,他能够成功的最大秘诀之一,就是一边说"你看这部车的颜色,很漂亮吧",一边轻轻地碰触对方。这个碰触可是影响业绩的重要关键,所以必须做到恰到好处,一旦分寸拿捏失当,可能会引起对方的反感而产生误会,但如果过于谨慎,又可能无法收到效果。

经验老到的销售员在向客户介绍产品时,会技巧性地一边解说一边找机会悄悄移到客户的身边,以便能够在适当时刻,可以随时接触到客户。有位星探就表示,当他发现有潜力的新人,想要把他们带进演艺圈时,让对方点头说"是"的方法,就是利用这种"身体零距离"的互动，让他们产生加入演艺圈的欲望，而不是在当下就急着说服他们进入演艺圈。

如果你想要顺利地拒绝人们的请求，也可以采取"保持距离拒绝法"，尽量不要让对方站得太靠近自己。也就是说，你和对方说话时，要站在对方可能会碰触到自己的范围之外，如此才不会因为对方的主动接触，最后对他说"是"。

♡ 沉默说"不"的技巧

在谈话过程中，若实在没有办法说出"不"时，你可以坐在或站在对方无法接触到你的身体的范围内，以此动作来拒绝对方。但是，千万别过度自信地认为对方与你的身体接触后，你绝对可以做到不为所动、不被说服。请牢记"印刻"的影响力。它是与生俱来的。

49 忽视对方递来的东西，冷化彼此关系

刻意不接对方递过来的东西，这是一种"冷化关系拒绝法"，也就是故意忽视对方的热情，制造彼此的心理距离，以达到拒绝对方的请托的目的。这个方法会令对方深刻地感受到你的冷漠、难以亲近，甚至觉得你就是摆明了要拒他于千里之外。

当销售员向你推销当季的流行衣服时，你本来并不打算购买，可是对方毫不迟疑地便把衣服放到你的手上，并热情地推着你到试衣间试穿。最后，你有如着了魔一般，不知不觉就买了那件衣服。诸如此类的情形到处都可以看得到，而且不会只发生在这种情况之下。

小郭代表公司和某家厂商洽谈业务。由于这家厂商长期以来所能提供的利润非常低，虽然对方很积极地维护两家公司的合作关系，但小郭的公司却显得意

兴阑珊,并想要在这次合作结束之后,便与对方结束合作关系。

在与厂商交涉的过程中,当小郭想要确认这次的交易总额与利润金额正确无误时,才发现自己忘了带计算器与相关文具,只好向对方借用,而这使得他努力维持冷漠的态度不攻自破,以致难以向对方说出"这是我们最后一次合作"的话。

👍 这个动作,你也会

逛百货公司的时候,你可能会发现一种有趣的现象,就是你每走几步就会有卖场的销售人员热情地拿着产品递到你面前,并说:

"吃吃看,我们新研发的养生面包,健康又好吃!"

"拿拿看,这个锅不但很好握而且很轻呢!"

"这组保养品可去角质又可保湿,使用五分钟后就立刻见效,你试试看!"

通常,好奇的顾客会立刻过去试用产品,一开始是两三名顾客围在摊位前,慢慢地就会有一堆人聚集

第 4 章 "肢体语言"拒绝法，零压力说"不"

过去，热烈地讨论起产品。最后，这些人可能都会对销售人员说"是"。

让顾客试用产品以确认宣传功效无误，看似很公正。事实上，这是销售员操纵顾客的手法之一。透过接触产品的方式，与顾客建立起友好关系，让对方在"品质好"与"感情好"的情况下，无法说出"不"。

在类似的情况下，如果你不接受对方的请求，或者没有要购买商品，那就不要伸手去接下或触摸对方递来的东西。你要持续保持冷漠，以难以亲近的姿态，让对方感受到你"拒人于千里之外"的态度，他自然会知难而退。

♡ 沉默说"不"的技巧

与人交涉时，见到对方向你递出东西时，不要接下或触摸，透过冷漠、忽视的态度，切断对方想要与你建立亲密联系的意图，建立起一条彼此难以跨越的鸿沟。如此，不必等你开口说"不"，对方自然明白他被你拒绝了。

50 壮大自己的气势，让对方自觉处于劣势

许多动物，如猫、狗或猴子，在与敌人对峙时，会弓起背脊或竖起全身的毛，向对方发出警告讯息，同时也做好随时发动攻击的准备。这种将身体变得更壮大的举动，目的在于展现强大的气势，吓退对方的进攻。

人类也是如此。人们的许多肢体动作也都与动物有异曲同工之妙，只是文明的人类不会像动物那般张牙舞爪，而是以优雅的动作、大方的态度来强大自己的气势，令对方因相形见绌而自我退缩。

例如，当人们在打架时，双方会很自然地耸起双肩、伸开双肘，摆出不可被侵犯的强大气势。这些肢体动作是不是真的会让一个人变得更壮大，虽然令人存疑，但是这种下意识的自然反射动作，其本能就与弓起背脊或竖起全身毛的猫、狗或猴子一样，都是为了要强大自己的气势。

第 4 章 "肢体语言"拒绝法,零压力说"不"

👍 这个动作,你也会

某位在台湾从事西服制作数十年的老师傅表示,他有许多顾客是政治人物,其中某些人身上所穿的西装其实并不合身,因为他们通常都会要求老师傅把尺寸放大一些。他们之所以会提出这样的要求,目的不外乎是想让自己看起来气势更强大,为自己塑造一种更有说服力、更自信的形象。

除了利用服装使自己变得更壮大之外,你还可以用大方的态度、缓慢且优雅的肢体动作,来突显自己的强大气势,制造出自己处于优势而对方处于劣势的相对地位。

悠闲稳重地靠着椅子的坐姿;不东张西望的沉着态度;大方、缓慢又坚定的动作;有时候甚至还可以伸长四肢。这些肢体动作都可以有效地展现你的强大气势,使对方屈服。

♡ 沉默说"不"的技巧

想对请托者说"不"的时候,如果你在对方的面前所呈现的肢体动作是驼背或把身体缩成一团,就会传达出自己个性畏缩、缺乏自信,这无疑是在鼓励对方对你展开强烈进攻。

所谓的"壮大",并非只是体型的强壮。利用衣着打扮和肢体动作来突显强大的气场,也可以给对方的心理造成压迫。即使你没有开口说"不",对方也会知难而退。

第 5 章

"小道具"拒绝法,迂回说"不"

每个人所拥有的空间领域就像是他们各自的地盘，地盘大小代表着地位与权力的高低，也意味着"退敌"能力的高低。鉴于人类对于空间距离十分敏感，因此你可以巧妙运用各种小道具来扩大自己的地盘，微妙地调节与对方的空间距离，借此彰显你的地位与权力，以传达你的拒绝之意。

为什么空间领域会与说"不"有关系呢？其实，它与我们的地盘观念有着十分密切的关系。在与人交涉或谈判的过程中，不知不觉地，我们会非常在乎自己的地盘，所以会想尽办法维护或扩大自己的地盘，并且防止对方入侵我们的领域。因为在自己的地盘内，我们比较容易拒绝对方。

举例而言，参加聚会时，你只要稍微观察便可以发现，人们在交谈时的身体距离都不一样，而距离远

第 5 章 "小道具"拒绝法,迂回说"不"

近正好反映出感情的亲疏程度,距离越近关系就越亲近。同样的,隔桌对谈的人和并肩而坐交谈的人相比较为疏远。隔桌交谈者若有一方将烟灰缸推往对方,对方的眼神会瞬间变紧张,传达出被侵犯的愤怒或不安情绪。

可见,当我们想要拒绝他人的请求时,可以制造与对方的微妙的距离,并技巧性地利用身边的一些小道具来说"不"。

51 利用小道具扩大地盘，打断对方谈话

一般而言，碍于交情与自身利益，请托者与被请托者都会想要留给对方好感，因此被请托者在传达拒绝之意时，也会力求维持双方和谐且平衡的关系。聪明的被请托者为了要做到这个平衡，很多时候会利用小道具来扩大自己的地盘或打断对方思考，将对方的思考转移到别的东西上，达到不着痕迹说"不"的目的。

港台影视明星一直都是记者报道的目标，尤其当绯闻曝光时，更避免不了大批媒体记者的穷追猛问。为了不得罪他们，但又不想应付蜂拥而来的问题，聪明的明星就会巧妙地利用一些身边小道具，来打断记者的提问，适时回避回答问题。这个时候，他们可能会拿起剧本，闭上眼睛假装背台词，拿起镜子检查自己的妆发，拿起化妆品开始补妆、画眼线、涂口红，戴上耳环、项链等配件。总之，他们会利用身旁随手

第 5 章 "小道具"拒绝法，迂回说"不"

可取的小道具的协助，频频打断对方说话，如此持续了一会儿后，便借口说："不好意思，通告的时间到了，我得去录像了。我们改天再聊。"然后便转身离去。

👍 这个小道具，你也会用

有位得过电影和电视剧剧本大奖的编剧，在应付一些他不想接的编剧工作时，最常使用来说"不"的小道具就是闹钟。

每当他必须与请托者开会时，都会先设好手机闹钟，只要一听到闹钟的声音响起，不论请托者讲得多么口沫横飞，他都会立刻露出遗憾的神情，并自言自语地说："天啊，时间怎么过得这么快，都这么晚了！"

经他这样一说，请托者便再也无法继续说下去，只好识相地结束话题，而他的心理负担也减轻大半。某位政论名嘴的拒绝手法更为直接与露骨。每当有他不欢迎的人来拜访时，他就把对方请到书房。当对方开始说话时，他便低头整理名片，或者假装专注地整理下次上节目时的资料。这些举动的目的是要向对方传达"整理名片都比听你说话来得重要"的讯息。对方一见此状,也就不再企图说服他了。

这位政论名嘴表示,这种方法也许会让对方感到不受尊重,却几乎屡试不爽。当然,他偶尔也会遇到执意要说服他,完全忽视他整理名片的动作的人。碰到这种情况时,这位名嘴就改玩报纸上的填字游戏,一边思考一边填上答案,把对方当成空气,让对方拿他没办法,最后知难而退。

♡ 使用小道具说"不"的技巧

小小道具经常可以扮演扭转局势的关键角色,它的最显著的功能就是:打断对方的说话、分散对方的注意力、让对方感觉被漠视……这些小道具非常容易取得,在生活中或身边随处都可以取得并加以利用,是拒绝别人时的好帮手。

第 5 章 "小道具"拒绝法，迂回说"不"

52 利用口袋里的小东西，占领对方的地盘

动物世界存在着强烈的地盘概念，其中尤以猴子争夺地盘的手段最为激烈；在文明的人类社会里，地盘观念其实也一直都存在，只是人类在争夺地盘时不会像猴子那般露骨。他们的手段通常不太明显，对方也不太能意识到有人正在与自己争地盘，是属于"文明式争夺法"。这种争夺法并不需要双方大打出手或争得面红耳赤，只要透过一个小小道具的刺激，便可以占领对方的领域。

有位业绩顶尖的轮胎销售员，在全国各地推销轮胎时，就曾经使用这种方法来扩大他的领域。他在做产品销售说明时，总会先把轮胎放在自己的身边，一面解说产品的特性一面摸着轮胎，同时观察消费者的反应，然后配合解说的节奏把轮胎抓起来向前推，让它朝着某位专注聆听的消费者的方向滚去。这个突如

其来的动作通常会让对方一时之间来不及反应，不得不接住那个朝着自己滚过来的轮胎，并且认真地考虑购买。

👍 这个小道具，你也会用

当你与请托者隔着桌子对面而坐时，潜意识里，双方都会不知不觉地在桌子中间画一道线，将桌子分成两个均等的区域。在心理学上，这种情形可以解释为双方都认为彼此的地位是平等的。但是，这个时候你若是拿个小东西侵入到对方的领域里，中间那一条分隔线就会随着往对方的方向移动，使得你的领域扩大、对方的领域缩小，而对方一旦感觉到自己的地盘遭到侵略时，信心便会不由自主地动摇。

因此，当你想要拒绝请托者，却又不想开口说"不"时，就可以把中间那条分隔线往对方的领域推过去，让对方的心理产生一种被逼到墙角或节节败退的焦虑。但是，要如何移动那道分隔线来扩大自己的地盘呢？

首先，在交谈的过程中，从烟盒里抽出一根香烟，再将香烟盒放在桌上，然后趁着两人谈话之际，不着痕迹地把香烟盒轻轻推向对方，接着再慢慢在烟灰缸上弹一弹烟灰。如此重复数次后，你的香烟盒就会在对方没有察觉的情况下，入侵到他的领域里了。之后，再拿出打火机把玩一下，并若无其事将它放在烟灰缸旁，让烟灰缸、打火机、香烟都排在对方的地盘上。如此一来，你在心理上便已占了绝对优势，就可以随时开口说"不"了。

♡ 使用小道具说"不"的技巧

不想开口对请托者说"不"时，便可以利用衣服口袋里的一些小东西，比如香烟盒、打火机、小笔记本、笔、口香糖、钥匙等等，来替你传达拒绝讯息。

这些小东西有时候就像神奇的魔术道具一样，功能变化无穷。若你懂得巧妙运用，它们便可以适时成为强而有力的武器，帮助你侵略对方的地盘，一点一点地磨灭对方的气势，最后对方只能乖乖地配合你。

53 一边逗弄宠物，一边听对方说话

当你在对某人谈论一件重要的事情时，若对方聆听你说话的同时还不停地逗弄宠物，你可能会觉得对方很不尊重你。对方的这种举动会让你产生一种负面的感觉，觉得他认为你所说的话一点都不重要，他宁愿把时间拿来逗弄宠物，也没有兴趣继续和你说话。

当遇到这种尴尬的场面时，不论你想要对他讲的事情有多么重要，都会让你不想再继续讲下去。然而，很多时候，一旦你放弃继续与他交涉，便正中了他的下怀。他因为不想正面对你说"不"，但也不想惹你生气或破坏你们之间的交情，于是利用他的宠物来当挡箭牌，迫使你自动放弃说服他。

第5章 "小道具"拒绝法,迂回说"不"

👍 这个小道具,你也会用

李小姐是某财经杂志的总编辑。十几年来,在她的领导下,这家财经杂志销售量一直领先国内其他财经杂志。李小姐成功领导杂志社的重要工具之一,便是她的爱猫"喵喵"。每天,她都会带着"喵喵"一起上班,甚至在她的办公室里为它专门打造一个"喵喵"蜗居,但她同时也经常利用喵喵来拒绝令她不满意的文章。

当所有杂志社记者从外地采访回来时,都会先到她的办公室向她进行口头的采访报告,在报告的过程中,有时候记者才讲了没几句,就看到她不发一语地走到猫屋前面,蹲了下来,开始逗弄"喵喵",还对着它说话,完全不看记者一眼。当这种情形发生时,所有记者都知道,这就表示总编辑非常不满意自己的采访稿子,而且连修改的空间都没有。

有时候,进行报告的记者会发现她把"喵喵"抱到大腿上,一边摸着"喵喵"一边倾听记者的报告,偶尔会在重点处提出询问。这时,这位记者就明白,自己的稿子只要针对总编辑所提的问题与方向进行修改即可。

李小姐几乎从来不会开口批评员工的表现不好，但员工只要观察她与"喵喵"的互动情况，就知道自己表现得是否令上司满意。

♡ 使用小道具说"不"的技巧

如果你是一个热爱动物同时也养宠物的人，那么当你想要拒绝别人又不知如何启齿时，不妨抱着宠物接见客人。当你在聆听对方说话的时候，就一边点头表示你有在倾听，但你的眼睛要一直看着你的宠物。如果对方并没有因你的这个举动打退堂鼓，执意要把话讲完，并要求你一定要回答的话，你就可以假装和宠物说话，故意对对方的要求充耳不闻。

54 别让妻小在场，以免成为对方的道具

唐朝大诗人杜甫的《前出塞诗》中有一句："射人先射马，擒贼先擒王。"意思是说，为了让对手屈服，有时候人们不会把焦点对准对手，而是对准对手身边的家人。

这种方式正好就是一般销售人员的必胜铁则。如果他们想要说动潜在顾客点头消费，最有效率的做法就是先动摇他的家人的心，一旦他们说动了对方的家人后，这些家人就成了销售人员坚实的销售部队，会不停地鼓励他买下产品，而销售人员也就可以不费吹灰之力地完成交易。

对我们而言，家人就像杜甫的诗句里的"马"、"王"，不论是父母、配偶或子女，他们全都是我们身边亲密且重要的人，而且也会是对我们的决定具有最大影响力的人。

有些请托者眼见对你的请托可能会希望落空时，会转而拜托你的家人帮忙一起游说，而你的家人若不忍心拒绝，那么你就会陷入两难的处境。最后，碍于家人的情面，你不得不点头答应对方。

可见，要拒绝别人请托时，记住，不要让家人在场，以免对方有机会把你的家人当道具，利用他们来说服你说"是"。

👍 这个小道具，你也会用

戴维是某大型银行的分行经理。有一天晚上，他的高中同学乔治登门拜访，两人闲话家常了一会儿后，乔治便转移话题，问戴维可不可以帮他一个忙，买一份人寿保险。

戴维想拒绝但又不好意思开口，便转头看了一旁的妻子一眼，然后把她推出来当挡箭牌说："家里的经济都是我老婆在管理，我实在不方便。"

乔治一听，便看着戴维的妻子，露出哀求的眼神说："嫂子，可以请你帮我这个忙吗？或者，你们两

第 5 章 "小道具"拒绝法,迂回说"不"

个可以各买一份啊!"

乔治突如其来的请求令戴维的妻子不知所措,支支吾吾地推辞说:"呃……我们……已经买过保险了。"

"我知道你们买过保险了,可是你们应该没有终身医疗险和长期看护险吧。大部分人在年过五十岁以后,各种慢性病就会慢慢出现,可能还要面对长期卧床或行动不便的问题。这两种保险可以负担你们未来的大小疾病医疗费用,以及失智或失能照顾。一旦失智或失能的话,保险就会按月理赔你们的看护费,而且保费不会很高,不至于对你们造成经济上的压力。你看,我有帮你们规划了……"乔治边说边拿出早就准备好的保险规划书。

戴维的妻子被说服了。由于她和先生都已经四十几岁了,两人除了都有慢性病的早期征兆外,她长年来更是饱受妇科疾病的折磨。乔治说中了她心里的担忧。她转头对老公说:"我觉得我们好像还挺需要这类型的保险……"

戴维原本要借助妻子的力量来拒绝乔治,没想到妻子最后竟然成为乔治的游说员,令他不得不答应乔治，而且是一次买了两份保险——他和他妻子的。

♡ 使用小道具说"不"的技巧

要拒绝别人的请求时，最好不让亲密的家人在一旁，以防对方趁机和你的家人建立心理联结，进而对他们动之以情，把他们当成说服你的道具，利用他们对你的影响力，让你不得不说"是"。

55 让对方坐硬椅子，传达无言的拒绝

据说遍布全球各地的希尔顿饭店，曾经推出"不给人坐的椅子"的服务计划，使得饭店的获利大幅提升。

当初饭店为了让顾客有宾至如归的感觉，大厅里都摆放坐起来感觉柔软舒服的椅子，但这也使得每个顾客坐上去之后都不太想离开，以致影响到饭店的营收。后来，饭店管理人员改变策略，把大厅的椅子改成硬式的，而餐厅里的椅子则换成柔软的。结果，大部分的顾客在大厅都没办法久待，纷纷转移到餐厅去用餐，饭店因而多赚了不少钱。

这个方法其实不只适用于餐厅经营，也是我们用来对别人说"不"的好方法。例如，当销售员或请托者来访时，与他最密切接触的就是他所坐的椅子。因此，若想要拒绝他们，最好不要让他们坐在舒服的椅

子上，否则你不但很难说出"不"，而且还可能因为他坐的时间久一点，最后说不定你就接受他了。

👍 这个小道具，你也会用

有位咖啡馆经营者曾经意有所指地说："椅子不可以太软，要硬一点比较好。"这位经营者拥有超群技艺，所调煮出来的咖啡独具风味，使得咖啡馆几乎天天座无虚席，但因为店里所提供的椅子坐起来柔软又舒服，许多消费者经常在咖啡馆里一坐就是大半天，导致其他想要进去消费的客人因为没有座位可坐而转身离开。他的咖啡馆虽然看起来生意很好，总是座无虚席，但实际来店消费的人次并不多，以致咖啡馆无法真正获得利润。咖啡馆老板后来想出一个改善的办法。他把店里的椅子全部换成硬式座椅。很快，这个方法让店里的翻桌率明显提高。像这样对消费者提供坚硬的椅子，其实就是让椅子代替老板传达想说却又说不出口的话。

他希望消费者不要长时间占据座位而影响生意，

第 5 章 "小道具"拒绝法,迂回说"不"

而且不需要开口催促客人便能达成这个目标。他所使用的方法就是:提供硬式椅子,让对方的臀部感到疼痛。

♡ 使用小道具说"不"的技巧

面对人情请托的时候,这套咖啡馆经营哲学十分适用。想要拒绝请托,但不好意思开口说"不"时,你就可以在交谈时给对方坐硬式椅子,让椅子帮你传达无言的拒绝之意。当对方因为无法久坐,而提早结束谈话时,你也就成功地达成"无言拒绝"的目的了。

要避免对方坐太久,应该要使用"坐立不安""臀部疼痛"的方式,以攻击臀部为上策。

56 空间正中央的座位，能带给对方压迫感

要让请托者因坐立不安而提早结束谈话的方法，除了"硬椅子拒绝法"之外，另一个方法就是让请托者"坐在空间的正中央"。

生物学上有所谓的"角落效果"，意思是指，当动物在自由的空间筑窝巢时，大多时候它们会选择把窝巢筑在角落，而且筑巢的范围通常会沿着侧壁打造，例如墙角。这是动物为了避难、自我保护的天性反应，而人类也具有这样的本能反应。

在日本，有一项针对大众捷运乘客所做的研究调查，结果显示，先进入车厢的乘客通常都会很自然地选择靠角落的座位坐下，当角落已经没有空位时，才会选择车厢中央的座位。其他例如餐厅或咖啡厅等公共场合里，人们选择座位的习惯顺序依然如此。

几乎没有人会在一踏进餐厅或咖啡店后，就直接

第 5 章 "小道具"拒绝法，迂回说"不"

选择坐在正中央的座位上，绝大多数的人们通常都会选择靠窗户或墙壁的座位，正因如此，所以餐厅或咖啡店都会将桌椅安排在墙壁或窗户旁。

由于靠墙壁或角落的位置会让人产生一种稳固、安全的感觉，因此当你要拒绝请托者或客户时，一定要避开墙壁与角落这两个地方。如果可以的话，就安排请托者坐在空间中央的座位，借此增加他的心理压力，如此一来，你说"不"的成功概率就越大。

👍 这个小道具，你也会用

曾经，为了工作需要，小蔡必须去请托某大学教授的帮忙。在与该位教授通电话的过程中，他听出对方对他的请托完全不感兴趣，但他还是积极地要求见面说明。

由于小蔡在大学时主修的是心理学，深谙拒绝术，因此自信地认为只要能够与教授见上一面，他一定可以让对方接受他的请托。

当小蔡依约来到一家高级餐厅与教授碰面时，对方已坐在偌大餐厅正中央的餐桌前等他,周围还有好几桌的客人正在用餐。当小蔡走到教授对面的座位坐下时,突然感觉到心里开始慌张了起来。在这样的环境、这样的座位上,他实在不知道要怎么开口向教授提出请求。

在与教授交谈的过程中,他完全无法专注,不时地左顾右盼,感觉好似所有人都在看或听他到底要讲什么。沉重的心理压力令他感觉自己的气势瞬间被削弱了,焦躁的情绪让他说起话来结结巴巴、语无伦次。无形的强大压迫感驱使他只能提早结束谈话。

♡ 使用小道具说"不"的技巧

座位的空间位置与空间的大小,都会影响你说"不"的效果。若想不动声色地让请托者提早结束谈话,并放弃对你的请托的话,在与他沟通时,你就要避免让他坐在靠墙壁、窗户或角落等处,因为这些地方会让他产生安定感,正好给了他说服你的机会。这个时候,你应该提供一处会让对方感到坐立难安、有压迫

第 5 章 "小道具"拒绝法,迂回说"不"

感的座位,而位于房间或空间的正中央的座位,正好具备了这样的效果。

除了座位的位置选择很重要之外,空间的大小也会影响你说"不"的效果。越大的房间或空间,效果就越好。一般而言,大型的餐厅、礼堂、办公厅等人多的地方,都是不错的选择;至于自家的客厅、空间狭小的茶艺馆、餐厅的小包厢等,则要尽量避免。

57 利用"背光效果"，让自己更壮大

有时候，背对光源所产生的影子效果，也能发挥令人意想不到的拒绝力量。"背光效果"能够把你的身影放大，为你制造出一种强大的气势，立刻提升你的地位优势，而优势地位又能让你顺利地向对方说"不"。

当与请托者谈话时，如果你选择站在或坐在背光的地方，在光影的投射下，你的身影会放大，而声势也会随之变强大。以视觉心理学的角度而言，不平衡的光线会令人产生恐慌与害怕的感觉，并且需要一段时间的调适，才能从这种负面感觉中恢复正常情绪，并顺应突然出现的光源明暗变化。

在电影里，我们经常会看到警察利用"背光效果"来问案；而且根据统计结果显示，警察通常会让嫌犯坐在比较黑暗的地方，让嫌犯的心理产生恐慌感觉，

第5章 "小道具"拒绝法,迂回说"不"

接着警察便利用这个有利的时机开始侦讯案情。

在这种"背光效果"下,背对光源的办案警察的影像会突然放大很多,使得他变得更壮大、更有权威,他的强大气势有时会令嫌犯瞬间屈服。这种光线明暗的差距,会让嫌犯的心理产生压迫的效果。

👍 这个小道具,你也会用

麦可几年前离职自行创业,但很不幸地在创业第二年便遇到了金融海啸,使得他的资金周转出现了问题。他计划向银行申请贷款来解决公司的困境,并透过朋友的介绍去拜访某位银行放款部门的经理,希望那位经理能帮忙纾解困难,但却被对方非常"巧妙"地拒绝了。

那位经理约麦可在晚上八点到他家里讨论贷款的事情。当晚,麦可到了经理的家后,便被经理的妻子带到书房里等候。大约十分钟后,他看到经理走进书房,并且以充满歉意的语气说:"真抱歉,让你等这么久。"

经理随后便在沙发上坐了下来，然后转身打开背后大书桌上的电源开关，顿时，整个房间的光源都集中在经理的四周，形成了"经理在明，麦可在暗""经理身形壮大，麦可身形缩小"的强烈对比。麦可原本准备了非常充足的资料要来说服经理，但在经理打开桌灯的那一刻，他觉得自己的气势与自信全都萎缩殆尽。最后，他草草结束谈话。

♡ 使用小道具说"不"的技巧

想要拒绝他人的请托时，不妨参考这位放款部经理的做法，选择以光源为背景的座位，利用强烈的明暗对比与巨大的影像，夺走对方的信心。当看到你展现如此强大的气势时，对方即使做好了充分的准备，也会在你如此强大的气势下，顿时相形见绌、自觉渺小，无法启齿说服你，更不敢对你有进一步的要求。

58 利用桌子突显地位差异，无声说"不"

只要是上班族就一定会知道，在办公室里，办公桌的大小与规格会因为每个人职位的高低而有所差别。首先，就桌子的面积而言，职位越高，桌面面积越宽大；其次，以办公桌的抽屉数量来说，普通职员所使用的桌子通常只有一边有抽屉，而主任或课长等主管级职员的桌子，则是两边都有抽屉。

当然，椅子的体积与舒适度也是如此。椅子的材质与大小、有没有扶手、椅背能不能放下平躺，甚至有没有附加按摩功能等等，全都会因为职位不同而有所区分。

换句话说，你的办公室桌椅的位置、大小、材质、舒适度，代表着你在公司的权力与地位。这是一种纵型社会的象征。桌子，是个人自我存在与权势的延伸。它是一道人们看不见的墙，坐在那张桌子后面，容易让下属感受到上司的权威，使得上司容易对着站在前面的下属下达命令。这种情形就好像，职员平常与上司相处时就像朋友般自在、谈笑自如，但偶尔被叫到上司的办公桌前说话时，却会紧张到说不出话来。

由此看来，当你想对请托者说"不"时，就可以好好利用"桌子"这个小工具，来突显双方地位与权势的差异。你只需把对方叫到你的桌子前面，让桌子来制造你和对方之间看不到的心理厚墙，然后你就可以较轻松地说"不"。

👍 这个小道具，你也会用

阿松是某中型企业的业务部主任，他的办公桌并不大，但他却非常懂得利用"桌子"来对部属说"不"。每次，他要纠正部属的问题或错误时，都会把部属叫到会议室，利用会议室里的大型桌子来突显他的威信。

由于会议室是个众人聚集讨论议题、辩论提案，以及做决策的地方，容易令人联想到严肃、权力与效

第 5 章 "小道具"拒绝法,迂回说"不"

率。因此,当阿松坐在长长或宽大会议桌的一端,与坐在对面的部属谈话时,部属常会露出畏惧、谨慎的神情,浑身不自在,连话都不想说。

在这个情况下,阿松通常不必对部属叮咛与唠叨,只需轻声地指出错误,很快就会收到部属的修正报告书。

♡ 使用小道具说"不"的技巧

桌子,代表着个人的权力与职位,也代表着自我存在的延伸,更是坐在桌子两端的两个人之间的一道看不见的厚墙。

在与人交涉时,桌子的最大功能就是造成对方心理上的障碍。越大的桌子,给对方造成的心理障碍越强,越容易让对方在瞬间感觉到自己的地位快速下滑,而且来不及应变。因此,想要对人说"不"时,就把对方叫到桌前,隔着长长的或大大的桌子谈话。

59 选在傍晚时说"不",比较容易成功

据说古时候的人们深信,傍晚时刻是神鬼作息时间交换的界线。也就是说,黄昏时刻是神明要回去休息的时候,也是鬼、魔要开始出来作乱的时刻。人们为了定义这个容易被鬼魔附体、魔妖降灾的特别时刻,便将"黄昏"这个特别的时间定名为"降魔时间"。

古人的这种"降魔时间"的观念,正好与现代心理学、生理学的观点不谋而合。就生理学的角度而言,傍晚四点到六点这个时段,正是一天中"生理时间"最不协调的时段。在这段时间里,一个人的心理和生理都陷入了最疲劳的状态,不但精神状态不稳定,也很容易伴随出现焦虑浮躁、脑筋混沌、思考能力降低等问题。在身心如此脆弱的情况下,只要对请托者稍微暗示,便能令他放弃请求。

所谓"生理时间",是指人的心理和生理可以自然、

第5章 "小道具"拒绝法,迂回说"不"

正常地运作的节奏。

然而我们的心理与身体其实并非一直呈现一致的运作节奏。在一天的某些时段中,我们的思绪会特别清晰、情绪会比较平静且稳定,做起事情也比较顺利;但在另一些时段里,我们则会陷入精神萎靡不振,思考迟钝,以及工作的效率特别低落的状态。在这两个时段中,人类的心理与生理反应简直有天壤之别,而这也正是专家们认为中午以前最适合工作或读书的原因。

一般而言,在经过一整个晚上的睡眠休息后,早上时段的身体与心理状况通常比较好;而身心状况最恶劣的时间,则是下午四点到六点的黄昏时段。在这个时段里,工作意外、交通事故等发生的频率最高。有句俗话说"等到黄昏的时候再去买鞋",言下之意就是说,在劳累了一天后,生理处于不协调的状况,双脚比白天时肿胀,这时候才能买到真正合适的鞋子。

既然黄昏时段是人类心智反应最缓慢的时候,那么你若懂得利用这个时段拒绝别人的请托,成功的概率就会相对地提高很多。

👍 这个小道具，你也会用

最深谙"黄昏时间魔力"的代表性人物，非希特勒莫属了。他是一个能够把这个时间魔力发挥到极致的人物。

他是操作"黄昏集会"的佼佼者，他总是利用这段心身最不安定的时刻，巧妙地煽动民众的心智与情绪，而这也让我们知道，原来一个人的心智与情绪最容易被影响的时刻，就是下午四至六点这个时段。这个时候，人们正处于身心疲倦、思考力降低的状态，很容易接受别人的论点，被别人说服。当然，在这个时段里，请托者的身心状况也和我们一样疲累，因此，不论我们是要拒绝别人或是要说服别人，都必须要先摆脱这种状态才能成功。要摆脱身心不安状态的方法有二：一是，利用中午时间小睡一下，可以有效地恢复精神和消除疲劳；二是，如果中午没有时间小睡的话，那就把自己的肚子填饱，或松开领带放松一下自己的身体与情绪，让自己的身心都回到比较稳定、健康的状态。

第5章 "小道具"拒绝法,迂回说"不"

♡ 使用小道具说"不"的技巧

若想要挑选最佳说"不"的时间,那么就尽量选在傍晚时段,趁着对方身心最疲累、思绪最不清楚的时刻,对他的请托说"不",让他无法条理清楚地对你提出反驳意见并说服你。

当然,在这个时候你的身心也一样处于疲累的状态,因此在向对方说"不"之前,你必须先把自己的生理与精神状况调整好,以免一场胜券在握的交涉,最后却功败垂成。

60 利用穿着打扮，传达"不"的讯息

明末清初的著名戏曲家沈自晋，在其著作《望湖亭传奇》第十出中写道："虽然如此，佛是金装，人是衣装，打扮也是极要紧的。"

简单而言，作者的意思是说，佛像的庄严形象要靠黄金来装饰衬托，而人的尊贵、气质模样，则需要仰赖衣着打扮来提升。可见，衣着光鲜、外表出众确实具有提升我们的身价与地位的效果，使我们看起来更权威、更专业、更有说服力，同时也为我们带来不少便利。

正因为衣着打扮容易让人产生意想不到的先入为主的观念，美国心理学家雷诺·毕克曼便对此做了一个有趣的实验，一探衣着打扮对一个人的影响程度。在人潮如织的纽约中央火车站里，雷诺选定了某个电话亭，并且在里面最容易被看见的地方放了一美元，等

第5章 "小道具"拒绝法，迂回说"不"

到有人进去两分钟后，他便派一位服装整齐者或衣着寒酸者去敲门，并询问："很抱歉，我刚才进来打电话时，把一块钱放在这里忘记拿走了，不知道你有没有看到？"

实验结果是，愿意把一美元退还那位服装整齐者的人高达百分之七十二，而愿意退还给衣着寒酸者的人则只有百分之二十八。进入电话亭里使用电话的那些人，在看到服装整齐者上前询问时，其主观的反应通常是"他可能有很重要的话要对我说"；而当面对衣着寒酸的询问者时，由于不想与他有所接触，也不想理会他所询问的任何问题，所以根本不等他把话说完，便开口说"不"，想要尽快赶走他。

👍 这个小道具，你也会用

大学毕业后，阿德进入某家大企业工作，但每当他对业务提出个人看法时，总是遭到上司武断的否决或忽视，导致他与上司的相处并不是很融洽。他一直想要反驳主管，却苦于找不到任何机会，因为他担心主管会认为他是"自大的年轻人"，而使得自己的反驳毫无效果。

苦思了数日后，他终于想出了一个方法。他和同期进入公司工作的年轻同事出席会议时，全都一致地穿上颜色鲜艳的衬衫并打上领结或领带。最后，他成功地传达了"不"，即使是平时带领部属极为严格的上司，也没有提出任何反对意见。

阿德深知，一般上了年纪的人或职场老鸟会认为，初入职场的年轻人若穿着过于华丽，就表示有反抗长辈的意思，于是他便利用这种先入为主的观念，穿上象征着"反抗"的服装，让上司认为"这小子穿这样的服装，一定会否定我的意见"，而成功地反驳了上司的看法。可见，善用"服装拒绝法"，你就可以不必绞尽脑汁地思考该如何开口拒绝对方。

♡ 使用小道具说"不"的技巧

在传统"以貌取人"的社会价值观影响之下，人们对于衣着打扮一直存有先入为主的观念。一个穿着

第5章 "小道具"拒绝法,迂回说"不"

打扮光鲜体面又跟上潮流的人,其言行举止很容易被社会大众所接受与相信;相对的,对于一个穿着随意、毫不修饰的人,即使才华横溢或身价千亿,视觉上也不容易被社会大众所相信与肯定。

所以,当你想要拒绝他人的请托时,就可以利用"以貌取人"这种先入为主的心理,巧妙地拒绝对方。

61 拒绝一起用餐，以防形成紧密关系

英文词汇里的沟通（Communication）、同伴（Companion）、（Community）、共同的（Common）等，都具有亲密的意思，它们的字根Comm源自于拉丁文，意指"共有财产"。

以沟通（Communication）一词为例，最初的意思是指：以利益分配为前提，公平分配成员的利益。精确地说就是，"分享"才是建立亲密关系的基本条件。而对人类而言，最重要的分享物品就是彼此的食物，也就是所谓的"共食"。

举例来说，在日本的结婚仪式中有所谓的"共食"。意指，即将成为夫妻的男女，要在太阳升起的时候，到海边相互喂食放在盘子里的生鱼，然后对彼此发誓相守一生。

人类的生活中存在着多种关系，包括社交关系、

第5章 "小道具"拒绝法，迂回说"不"

借贷关系等，其中，"一起用餐"属于最基本的一种本能关系，而这种因为生物本能而结合的关系则是最为密切的，我们生活中常常会出现"交杯""同吃一锅饭"等状况。

由此可见，不论是要接受或拒绝人们的请托，"共食"都扮演着重要的角色。例如，许多人在下定决心拒绝他人的请托之后，还会被对方以"我们边吃边谈，再讨论讨论"的理由，被软化了决心，最后仍然被对方说服而点头答应帮忙，这样的例子不在少数。

👍 这个小道具，你也会用

拒绝对方也要拒绝吃饭，这是什么意思呢？最著名的例子就是，中国先秦时期思想家、法家代表人物韩非子的著作中所提到的一个实例。商朝的大宰相伊尹，原本是随着有莘氏陪嫁到商汤府里的一名奴隶，但他心怀远大抱负，不甘愿只做一个奴隶。进入汤王府后，他自愿当汤王的厨师，为他料理三餐，并借着这个机会和汤王亲近，向汤王分析天下形势。汤王很欣赏他的才华，便取消了他的奴隶身份并加以提拔，没多久他就成了掌握政权的宰相，后来他更是辅助商汤灭了夏朝，建立商朝。这一切都是用餐关系所致。汤王因为吃了伊尹所做的食物，所以和他的关系变得更加亲密，进而无法拒绝他的要求。

♡ 使用小道具说"不"的技巧

想要拒绝他人的请托，就不要和对方一起用餐，避免和对方成为"酒肉朋友"。这么做是预防对方透过共食共饮的机会，在不知不觉中将两个人的关系拉近。

一旦这种关系形成之后，你便很难回绝对方的请求了。

如果无法拒绝对方的邀宴，那么也要记得由你来买单或各自分担费用，如此便可消除心理上的负担，也让你能更容易拒绝对方的请求。

62 利用别处传来的声音，令对方陷入不安

人类本来就容易对他处所传来的声音感到不安，其中，身体下方所传来的声音最容易引起人类的恐慌感。对我们而言，若问身体的哪个部位遭到攻击时最令人感到恐惧，答案可能是双脚。

人类在移动时只能在地上平面移动，当声音是来自正上方与正下方时，人们便会感到很不习惯，严重的话甚至会引发恐惧、不安的情绪。

👍 这个小道具，你也会用

据说，希特勒是一个非常懂得利用各种方法来操纵大众的人，其中一个非常有效的技巧就是"地下麦克风"。在演讲之前，他经常会派人在集会广场的地下埋入扩音机。如此，当他开始演讲时，他的声音便会

从群众的脚下传上来，进而引起群众内心的不安全感。

为什么会这样呢？其原理是，由于人的全身重心位于脚底，因此透过脚底所传来的物理性振动，就会成为人体全身摇晃的传导体，也就是所谓的"骨传导"，而这正是"地下麦克风"奏效的原理。

又如，日本曾经发生过著名的钢琴声音杀人事件，也是"骨传导"原理。因为钢琴的声音透过上下层大楼结构的传导，传到某个性格异常者的耳里，他因无法忍受上下层钢琴声音的夹攻，而犯下了杀人事件。

再如，在竞争激烈的超市、卖场或商品展览会上，商人会利用"骨传导"这种人类的不安心理，在店内的天花板上装置扬声器，并经常播放一些节奏比较轻快的歌曲，以引发顾客冲动的购买欲。

♡ 使用小道具说"不"的技巧

一如"地下麦克风"与"钢琴声音杀人事件"等例子，当你想要让对方在不知不觉中产生莫名的恐惧感，进而放弃对你的请托或要求时，便可以利用"别

第 5 章 "小道具"拒绝法,迂回说"不"

处传来的声音"这个拒绝方法。

要注意的是,使用这个方法时,要切记声音不需要太大,因为过于嘈杂的声音容易令人感到不愉快,并可能因此会让对方要求更换对话的场所。

图书在版编目（CIP）数据

就算被讨厌，也要勇敢说NO/ 风动工作室著 .— 武汉：长江文艺出版社，2018.1

ISBN 978-7-5354-9967-7

I. ①就… II. ①风… III. ①人际关系学 - 通俗读物 IV. ① C912.11-49

中国版本图书馆CIP数据核字 (2017) 第 236454 号

就算被讨厌，也要勇敢说 NO

风动工作室 著

选题产品策划生产机构	北京长江新世纪文化传媒有限公司		
总　策　划	金丽红　黎　波　安波舜		
责任编辑	陈　曦　　装帧设计 | 郭　璐	媒体运营	张　坚
助理编辑	张　霓　　内文制作 | 张景莹	责任印制	张志杰　王会利
法律顾问	张艳萍　　版权代理 | 何　红		
总　发　行	北京长江新世纪文化传媒有限公司		
电　　话	010-58678881　　传　　真 | 010-58677346		
地　　址	北京市朝阳区曙光西里甲6号时间国际大厦A座1905室	邮　编	100028
出　　版	长江出版传媒　长江文艺出版社		
地　　址	湖北省武汉市雄楚大街268号湖北出版文化城B座9-11楼	邮　编	430070
印　　刷	大厂回族自治县彩虹印刷有限公司		
开　　本	787毫米×1092毫米　1/32	印　张	6.875
版　　次	2018年1月第1版	印　次	2018年1月第1次印刷
字　　数	80千字		
定　　价	38.00元		

盗版必究（举报电话：010-58678881）

（图书如出现印装质量问题，请与选题产品策划生产机构联系调换）